Sozialarbeit auf dem afrikanischen Kontinent

Möglichkeiten und Grenzen europäischer Sozialpädagogik

von

Melha Rout Biel

Tectum Verlag
Marburg 2002

Die Deutsche Bibliothek - CIP-Einheitsaufnahme

Rout Biel, Melha:
Sozialarbeit auf dem afrikanischen Kontinent.
Möglichkeiten und Grenzen europäischer Sozialpädagogik.
/ von Melha Rout Biel
- Marburg : Tectum Verlag, 2002
ISBN 978-3-8288-8378-9

© Tectum Verlag

**Tectum Verlag
Marburg 2002**

INHALTSVERZEICHNIS

1. EINLEITUNG 3

BEGRIFFSBESTIMMUNGEN 6

2. DIE SOZIALE AUSGANGSSITUATION IN AFRIKA 11

2.1 GESELLSCHAFTS-/HERRSCHAFTSFORMEN UND TRADITIONELLE
SOLIDARITÄT IM PRÄKOLONIALEN AFRIKA 11
2.1.1. TRADITIONELLE SOLIDARITÄT IN DER FAMILIE 11
2.1.2. HÄUPTLING 14
2.1.3. KÖNIGSHERRSCHAFT 15
2.1.4. HANDELSHÄUSER MIT VOLKSVERSAMMLUNG 16
2.1.5. DER THEOKRATISCHE STAAT 17
2.1.6. ZUSAMMENFASSUNG 19

2.2 KOLONISATION AFRIKAS UND IHRE AUSWIRKUNGEN 19
2.2.1. GRENZTEILUNG AFRIKAS/EINTEILUNG IN SPRACHZONEN 21
2.2.2 EUROPAS WIRTSCHAFTLICHE INTERESSEN AN AFRIKA 24
2.2.3. POLITIK DER ETHNIZITÄT UND "DIVIDE AND RULE" 25
2.2.4 DIE ENTWICKLUNG DES LANDES SUDAN ALS BEISPIEL 28
2.2.5. KOLONIALE SOZIALPOLITIK 32

2.3. DIE ENTWICKLUNG AFRIKAS NACH DER UNABHÄNGIGKEIT 42
2.3.1. HOFFNUNG AUF DEMOKRATISIERUNG UND ENTTÄUSCHUNG ÜBER
BESTEHENDE VERHÄLTNISSE 42
2.3.2 WELCHE HILFE BRAUCHT AFRIKA ZUM AUFBAU DEMOKRATISCHER
STRUKTUREN? 53
2.3.3. GLOBALISIERUNG - EIN UNGLÜCK FÜR AFRIKA 58

3. SOZIALARBEIT UND SOZIALPÄDAGOGIK: ENTSTEHUNG, AUFGABEN UND FUNKTION SOWIE PERSPEKTIVEN IN EUROPA UND AFRIKA   65

3.1. BEGRIFFSBESTIMMUNGEN   65
3.2. DIE ENTSTEHUNG DER SOZIALARBEIT/SOZIALPÄDAGOGIK   67
3.2.1. DIE ENTSTEHUNG DER SOZIALARBEIT/SOZIALPÄDAGOGIK IN EUROPA AM BEISPIEL DEUTSCHLAND   67
3.2.2. DIE ENTSTEHUNG DER SOZIALARBEIT/SOZIALPÄDAGOGIK IN AFRIKA   73
3.3. AUFGABEN, FUNKTIONEN UND NOTWENDIGKEIT DER SOZIALEN ARBEIT   82
3.4 AKTUELLE HERAUSFORDERUNGEN FÜR DIE SOZIALARBEIT/ SOZIALPÄDAGOGIK IN AFRIKA   91
3.4.1. ARBEITSLOSIGKEIT   91
3.4.2. FLÜCHTLINGE   98
3.4.3. AIDS   102
3.4.4. ÖKOLOGIE/UMWELT   109

4. ZUSAMMENFASSUNG UND ERGEBNIS   113

LITERATURVERZEICHNIS   125

DANKSAGUNG   135

1. Einleitung

Die vorliegende Arbeit beschäftigt sich mit Möglichkeiten und Grenzen der Übertragbarkeit deutscher/europäischer Sozialarbeit/Sozialpädagogik auf die Bedingungen des afrikanischen Kontinents.

Sie sucht damit Antworten auf die Fragen:

- Gibt es in Afrika überhaupt eine dem westeuropäischen Verständnis entsprechende "professionelle" Sozialarbeit/Sozialpädagogik und ist sie notwendig?
- Wie funktioniert Sozialarbeit/Sozialpädagogik insgesamt, wie läßt sie sich organisieren?
- Läßt sich von den in Europa entwickelten Theorien und Modellen sozialer Arbeit etwas für Afrika ableiten und lernen?
- Welche negativen Auswirkungen europäischer Einflüsse und Werte auf Afrika sind zu befürchten (Enttraditionalisierung, Individualisierung)?
- Wie können angesichts der europäischen Diskussionen über Erhalt von Selbsthilfepotential und freiwilligen Engagement (Ehrenamt) traditionelle afrikanische Netzwerke und Solidaritätsformen bewahrt werden?

Betrachtet man die Entstehung der Sozialarbeit/Sozialpädagogik als Reaktion der Gesellschaft (des Staates) auf soziale Probleme, stellt man fest, dass ihre Aufgaben und Funktionen eng mit dem bestehenden politischen System und der herrschenden gesellschaftlichen Ordnung (Werte und Normen der Gesellschaft) zusammenhängt. Dies ist die Hauptthese der Arbeit.

Um die Möglichkeiten und Grenzen der Übertragbarkeit von Modellen und Theorien sozialer Arbeit bestimmen zu können, muss man die Ausgangsbedingungen in Europa und Afrika sehr genau betrachten.

Insbesondere die komplizierte Situation Afrikas in der Gegenwart läßt sich nur vor dem Hintergrund der geschichtlichen Entwicklung verstehen. Die politischen und damit verbundenen wirtschaftlichen und sozialen Probleme Afrikas können nicht ohne die Reflexion von Demokratie behandelt werden.

Aus meiner Sicht ergibt sich eine positive Entwicklung des afrikanischen Kontinents nur aus der Demokratisierung der politischen Systeme Afrikas und den damit verbundenen gesellschaftlichen Prozessen! Deshalb erfolgt in der vorliegenden Diplomarbeit zunächst die Bestimmung und Reflexion des Begriffes Demokratie.

Daran schließt sich die Analyse der besonderen sozialen Ausgangssituation in Afrika (Kapitel 2) an.

Da der Rahmen einer Diplomarbeit den Umfang der historischen Entwicklungen stark begrenzt, beziehe ich mich in der vorliegenden Arbeit ausschnittweise auf die drei prägenden Entwicklungsabschnitte

– vorkoloniale (präkoloniale) Entwicklung des afrikanischen Kontinents (Kapitel 2.1),

– Kolonisation Afrikas durch Europa (Kapitel 2.2) und

– die Entwicklung Afrikas von der Unabhängigkeit bis zur Gegenwart (Kapitel 2.3).

Von einigen afrikanischen Wissenschaftlern wird eine Einteilung der afrikanischen Geschichte in vorkoloniale, koloniale und nachkoloniale Entwicklung kritisiert. Sie verweisen darauf, dass dadurch das Zusammenleben der afrikanischen Völker vor dem Eindringen der kolonialen Eroberer als harmonische und friedvolle Einheit mystifiziert wird (vgl. Kabou: 1995, S. 126). In der vorliegenden Arbeit soll trotzdem auf diese Einteilung zurückgegriffen werden, weil die Zeit der Kolonisation bezüglich der Entstehung von staatlicher Sozialpolitik unwiderrufliche Veränderungen brachte.

Die Kolonialpolitik griff bewußt in die bestehenden traditionellen Gesellschaftsstrukturen Afrikas ein und veränderte dadurch die Basis existierender Formen traditioneller Solidarität (wie im Kapitel 2.1 vorgestellt). Zur Zeit der Kolonisation entstand dadurch erstmals ein Bedarf an staatlicher Sozialpolitik einschließlich Sozialarbeit bzw. Sozialpädagogik (vgl. Kapitel 2.2).

Die Analyse der gegenwärtigen, enttäuschenden und unbefriedigenden wirtschaftlichen, politischen und sozialen Situation auf dem afrikanischen

Kontinent im Kapitel 2.3 markiert die ungünstige Ausgangsposition Afrikas in den aktuellen Prozessen der Weltentwicklung.

Diese Prozesse werden unter dem Schlagwort "Globalisierung" im Kapitel 2.3.3 behandelt. Globalisierung meint die weltweite Vernetzung der Wirtschafts- und Finanzmärkten, die Neuentwicklungen in der Informationstechnologie, besonders im Internet, und im Dienstleistungsbereich. Globalisierungsprozesse produzieren Gewinner und Verlierer und entziehen sich gleichzeitig den bisherigen politischen Strukturen der Kontrolle durch die Nationalstaaten.

Damit schließt sich der Kreis zur Sozialarbeit/Sozialpädagogik. Soziale Arbeit als Instrument der (Sozial-) Politik (der Nationalstaaten) wird zukünftig mit den Auswirkungen der Globalisierungsprozesse sowohl in Europa als auch in Afrika und auf allen anderen Kontinenten verstärkt konfrontiert sein.

Im Kapitel 3.1 wird anschließend dargestellt, was unter den Begriffen Sozialarbeit und Sozialpädagogik zu verstehen ist und wie die sogenannte "professionelle" Soziale Arbeit in Europa (am Beispiel Deutschlands) und in Afrika entstand (Kapitel 3.2).

Antworten auf die Fragen, wie soziale Arbeit funktioniert, warum sie notwendig ist und welche Aufgaben ihr zugeordnet werden, finden sich im Kapitel 3.3.

Dabei betreffen die Unterschiede im sozialarbeiterischen Handeln zwischen Deutschland und afrikanischen Ländern vor allem die fehlende strukturelle staatliche Grundabsicherung der einzelnen Person in den meisten afrikanischen Ländern.

Da in den meisten afrikanischen Ländern kein individuelles Recht auf soziale Absicherung besteht, sind individuelle Notlagen von Personen von existentieller Bedeutung. Das Fehlen garantierter staatlicher Hilfe im Notfall weist traditionellen und neuen sozialen Netzwerken in Afrika einen hohen Stellenwert zu. Sie sichern im Notfall das Überleben ab. Sozialarbeiterische Interventionen müssen diese Netze berücksichtigen und sie nutzen, um wirkungsvoll zu handeln.

Das Kapitel 3.4 beschäftigt sich mit den großen gesellschaftspolitischen Herausforderungen Afrikas der Gegenwart, nämlich mit den Problemen der Arbeitslosigkeit, Flüchtlinge, AIDS- Erkrankten und Ökologie bzw. Umweltverschmutzung. Sozialarbeit und Sozialpädagogik ist in diesem Zusammenhang aufgefordert, für die einzelnen Betroffenen und die Gesellschaft insgesamt Lösungen zu finden. Wie die Beispiele im Kapitel 3.4 belegen, gelingt es ihr dabei durchaus, kompetent Einfluss zu nehmen.

Im Kapitel 4 werden die wichtigsten Ergebnisse der vorangegegangenen Kapitel noch einmal zusammengefaßt. Dabei soll abschließend die Frage beantwortet werden, inwieweit sich deutsche/europäische Modelle und Theorien der Sozialen Arbeit auf die Bedingungen des afrikanischen Kontinents übertragen lassen.

Begriffsbestimmungen

Der Begriff *Demokratie* stammt aus der griechischen Sprache und bedeutet die Herrschaft des Volkes, d.h. daß die Staatsgewalt vom Volk ausgeht. Diese Volksherrschaft kann direkt oder indirekt ausgeübt werden (vgl. Bertelsmann Lexikothek: 1991, S. 330). Gegenwärtig werden unter dem Begriff Demokratie zahlreiche politische Ordnungen verstanden. Damit wird der Anspruch der Herrschaftsausübung auf den Willen des Volkes zurückgeführt. Außerdem ist eine Rechenschaftspflicht der Regierenden gegenüber dem Volk festzustellen (vgl. Sommer, von Westphalen: 2000, S. 217).

Das Wesen der Demokratie ist, daß die Mehrheit auf bestimmte Zeit das Recht hat zu regieren und die Minderheiten aller Art Sicherheitsgarantien besitzen, an denen auch die Mehrheit nicht rütteln darf (vgl. Fikentscher 1993, S. 8ff).

Demokratieverständnisse:

Nach Wolfgang Fikentscher gibt es drei Arten von Demokratie, nämlich die **Konsensdemokratie**, die **Duale Demokratie** und die **Korporative Demokratie**.

Die **Konsensdemokratie** wird insbesondere in den Stammesgesellschaften praktiziert. In dieser Art der Demokratie muß jedes Gesellschaftsmitglied einer Entscheidungsfindung zustimmen. Dadurch ist es nicht sehr einfach, eine Entscheidung zu treffen, weil jeder sein Einverständnis erklären muß. Im Entscheidungsfindungsprozess setzen sich außerdem meistens nur die starken Persönlichkeiten durch.

Die **Duale Demokratie** ist eine besondere Art der **Moiety-Ordnung**. Moiety kommt aus der französische Sprache und bedeutet "Hälfte". Bei Moiety praktizierenden Stämmen dient sie verschiedenen Zwecken sozialer Ordnung. Sie wird dazu verwendet, den Volksstamm in zwei politische Hälften zu teilen. Jede Hälfte übernimmt im regelmäßigen Wechsel für eine bestimmte Zeit die Regierung. Hier muß zwangsweise Rücksicht auf die jeweils andere Hälfte genommen und Zusammenarbeit zwischen den beiden Moiety-Hauptleuten angestrebt werden. Eine solche Ordnung wird z.B. von einigen afrikanischen Völkern, Indianern in Nordamerika und damals von den römischen Konsuln praktiziert (vgl. Fikentscher: 1993, S. 76).

Die Duale Demokratie ist entscheidungskräftiger als die Konsensdemokratie, eine Entscheidungsfindung ist schneller möglich.

Bei der **Korporativen Demokratie** ist zur Entscheidung die Einberufung einer Mitgliederversammlung notwendig. Nur in der Mitgliederversammlung werden den Funktionären die Aufträge gegeben (vgl. Fikentscher: 1993, S. 11ff).

In den oben beschriebenen Arten von Demokratien sind die Grundrechte nur indirekt erhalten. In den meisten Ländern Europas werden die Menschen mit der Demokratiedefinition von Fleischbacker/Krennerich und Thibaut einverstanden sein. Diese verweisen auf die "Demokratie, verstanden als politische Ordnung, in deren Rahmen zentrale politische Führungspositionen auf der Basis freier, allgemeiner, geheimer und gleicher Wahlen auf Zeit besetzt werden und in der das Regierungshandeln institutionellen Kontrollen unterworfen ist". Diese Definition wurde mittlerweile auch in vielen Ländern, z. B. in Afrika in den neunziger Jahren, akzeptiert (vgl. Fleischhacker; Krennerich; Thibaut: 1997, S. 93).

In der **Grundrechtsdemokratie**, beispielsweise wie in der Schweiz praktiziert, wirken die Bürger unmittelbar an einer Entscheidungsfindung mit. Die Beteiligung der Bürger kann auch durch das Wählen von Abgeordneten - z.B. in das Bundesparlament - stattfinden, und diese gewählten Vertreter verkörpern dann den Willen der Wähler. Diese Form der Demokratie heißt **indirekte (repräsentative) Demokratie**, weil der Volkswille gewöhnlich von den Repräsentanten vertreten wird. Die repräsentative Demokratie kann entweder eine **Präsidialdemokratie** (wie beispielsweise in den Vereinigten Staaten von Amerika) oder eine **Parlamentarische Demokratie** (wie z.B. in Großbritannien und der BRD) sein.

Diese Demokratien unterscheiden sich im Grad der Gewaltenteilung. In der Präsidialdemokratie wie in den USA sind die Staatsgewalten, nämlich Parlament, Regierung und Justiz, strikt voneinander getrennt. Die Regierung ist vom Parlament unabhängig. Der Präsident muß keiner Partei angehören, er kann auch gegen die Mehrheit einer anderen Partei im Parlament regieren.

Bei einer Parlamentarischen Demokratie wie in der Bundesrepublik Deutschland stellt die stärkste Partei oder Parteienkoalition des Parlaments üblicherweise den Ministerpräsidenten. Bei Mehrheitswechsel im Parlament muß die Regierung zwangsweise beendet oder gewechselt werden.

"Durch seine Anbindung an die Parlamentsmehrheit hat der Ministerpräsident mehr Macht und größere Legitimierung als der Chef einer Präsidialdemokratie. Allerdings sind parlamentarische Demokratien aus dem gleichen Grund oft einem häufigeren Regierungswechsel unterworfen als Präsidialdemokratien. Diesem Mangel kann man allerdings durch ein 'Konstruktives Mißtrauensvotum' nach dem Vorbild von Art. 67 Grundgesetz abhelfen.[...]." (Fikentscher: 1993, S. 16-17).

Der Begriff **Krieg** wird als ein Akt von Gewalt definiert. Ziel ist es, den Gegner widerstandslos und unfähig zu machen, so daß er zwangsweise den eigenen Willen akzeptieren muß. Der Krieg ist nicht nur ein politischer Akt, sondern vielmehr ein politisches Instrument (vgl. Bertelsmann: 1991, S. 332).

Diktatur wird als Regierungsform definiert, in der nur eine bestimmte, meist kleine Minderheit in einem Staat die politische Willensbildung gestaltet (vgl. Fikentscher: 1993, S. 68).

Theokratie ist eine Staatsform, in der die Verwalter einer monotheistischen Religion den bedeutenden Einfluß auf die Staatswillensbildung haben, z.B. während des Römischen Reiches unter der Führung von Konstantin dem Großen in der Zeit von 325 bis 337 (vgl. Fikentscher: 1993, S. 83).

Kolonialismus wird als ein System der direkten Abhängigkeit bezeichnet. "Der Unrechtscharakter des Kolonialismus wird durchgehend in der Verletzung der Selbstverantwortung und Selbständigkeit von Völkern aufgrund struktureller Abhängigkeitsverhältnisse gesehen." (zitiert nach Betru: 2001, S. 15).

Der Begriff der "**Dritten Welt**" wird verwendet um die Länder zu bezeichnen, die aus der Sicht der Industrienationen arm, unterentwickelt oder in ihrer Entwicklung rückständig sind. Der "Dritte-Welt"-Begriff entstand in den fünfziger Jahren aus der Perspektive des Ost-West-Konfliktes. Absicht des Ost-West-Konfliktes war, die Welt in Klassen, nämlich in eine Erste, kapitalistische, eine Zweite, sozialistische, und eine Dritte Welt einzuteilen (vgl. Menzel: 1992, S. 38-39). 12 13

2. Die soziale Ausgangssituation in Afrika

Für die Afrikaner ist der Begriff "Demokratie" im Sinne des Westen ein neuer Begriff, mit dem man sich auseinandersetzen muß. Demokratie nach westlichem Verständnis tauchte in der Zeit der Kolonialismus in Afrika auf, wurde aber in dieser Periode von den Afrikanern selbst nicht praktiziert. Das heißt aber nicht, daß es kein afrikanisches Verständnis von Demokratie vor der Kolonialherrschaft gab.

Vor der Besetzung Afrikas durch Europa gab es zahlreiche gesellschaftliche und politische Ordnungen oder Formen von großen bis zu kleinen Staatswesen. Neben den kleineren Staaten fanden sich Königreiche, "Stadtstaaten", Häuptlingstümer und Stämme mit oder ohne zentralisierte Machtorganisation (vgl. Nohlen: 1987, S. 451). Anhand der Gesellschaftsstruktur lassen sich die Formen traditioneller Solidarität und Hilfeleistungen nachvollziehen.

2.1 Gesellschafts-/Herrschaftsformen und traditionelle Solidarität im präkolonialen Afrika

2.1.1. Traditionelle Solidarität in der Familie

Die wichtigste soziale und ökonomische Einheit der traditionellen afrikanischen Gesellschaft war die polygame Familie (ein Mann, dessen Frauen und Kinder).

Die Struktur der Familie und Verwandtschaft war in sich abgestuft und beinhaltete unterschiedliche Formen des Austausches und der Solidarität. Innerhalb der Familie galt Haushaltsteilung, d.h. jeder trug nach seinen Kräften zum Erhalt bei und erhielt soviel, dass er seinen Bedarf decken konnte. Erwirtschaftete Überschüsse, die nicht für den täglichen Bedarf oder andere spezifische Bedürfnisse oder Verpflichtungen benötigt wurden, standen der erzeugenden Einheit zur Verfügung und wurden als Vorsorge für schlechte Zeiten zum Beispiel in Vieh angelegt.

Auch über die Nahrungsvorsorge war der Besitz der Elementarfamilie anderen Mitgliedern der Verbundfamilie (Verwandtschaft) zugänglich und umfaßte alle Leistungen, die zur Bestreitung des Lebens notwendig waren, z.b. auch die Zahlung eines Brautpreises, Begleichung von Kompensationszahlungen bei Konflikten mit anderen Gruppen usw. Die Hilfeleistungen konnten in Anspruch genommen werden, wenn Zahlungen mit eigenen Mitteln nicht mehr aufgebracht werden konnten, ohne den Lebensunterhalt zu gefährden. Über die Rechtmäßigkeit des Bedarfes wurde einvernehmlich entschieden.

Darüber hinaus gab es Solidaritätsleistungen innerhalb der erweiterten Familie (drei Generationen Großfamilie) und Nachbarschaft (die oft deckungsgleich mit der Familie war). Dazu gehörten Hausbau, Bau von Speichern und Ställen, Urbarmachung von Land und Schutz der Felder vor wilden Tieren etc. Diese Solidaritätsverpflichtungen waren denen innerhalb der Familie nachgelagert. So bestand zwar die kollektive Verantwortlichkeit der Gruppe z.B. bei Kompensationsleistungen oder Zahlung eines Brautgeschenkes, aber die angemessene Beteiligung der zur Zahlung verpflichteten Familieneinheit war Voraussetzung zur Hilfe (vgl. Neubert: 1986, S. 26-29).

Über die Familie und Nachbarschaft hinaus existierte eine Ergänzung der Solidarität durch sogenannte Heiratsallianzen. Aus Heiratsallianzen zwischen entfernt wohnenden Familien entstanden ebenfalls gegenseitige Rechte und Verpflichtungen. Sie wurden dann wirksam, wenn Notlagen wie regionale Mißernten im Solidaritätsnetz der Familie und Nachbarschaft nicht mehr aufgefangen werden konnten. Dann versuchten z.B. die Frauen aus entfernt wohnenden Familien, die Allianz zu aktivieren, um die Ernährung der Familie zu sichern oder in Krisenzeiten der Familie einen Zufluchtsort zu ermöglichen (vgl. Neubert, 1986, S. 30, 31).

"Die Netze der Solidarität und die weiteren Sicherungs- und Ausgleichsbeziehungen erfüllten die Funktion, die Gruppe, die Familie, die Lineage oder die souveräne Einheit zu erhalten, gegebenenfalls zu stärken. Der Schutz des Eigentums und die Stärkung der Gemeinschaft durch Einigkeit und inneren Frieden verbesserten die Chancen zur Bewältigung der überlebensprobleme." (Neubert: 1986, S. 33).

Als eigentlicher Nutzer der Solidarität galt nicht der einzelne Hilfsbedürftige, sondern die gesamte Gruppe, die durch die Solidaritätsleistung überlebensfähig blieb.

Trotzdem waren Verfügungsgewalt über Solidaritätsleistungen und der damit verbundene Prestigegewinn nicht gleich verteilt. Macht und Ansehen genossen insbesondere die älteren Männer. Entscheidungen der Gemeinschaft hinsichtlich der Bereinigung von Konflikten und Verhandlung von Ausgleichszahlungen wurden durch die älteren und meistens erfahrenen Männer geregelt. Dabei kam dem Ältesten der jeweils betroffenen Gruppe eine besondere Bedeutung zu. Frauen waren von zentralen Funktionen hingegen ausgeschlossen und den Männern ihrer Verwandtschaftsgruppe unterworfen. Eine übergeordnete zentrale Instanz gab es nicht.

Dennoch waren wie bereits festgestellt, individuelle Probleme immer auch zugleich kollektive Probleme, weshalb die ungleiche Machtverteilung kaum materielle Ungleichheiten zur Folge hatte. Anspruch auf Hilfe und die Sicherung der Grundbedürfnisse wurden ohne Ansehen der Person und unabhängig von persönlichem Erfolg gewährt. Individuelle Konkurrenz um knappe Ressourcen war traditionell weitgehend unbekannt. Die Teilstrukturen der Solidarität waren selbstverständlicher Bestandteil des Sozialsystems und wurden als solche nicht hinterfragt (vgl. Neubert: 1986, S. 34, 35).

Mit dem Besitz verbundene **Solidaritätsverpflichtungen** ("Sozialbindung des Besitzes) wurde nicht als Einschränkung, sondern als Zweck des Besitzes erlebt und diente dem Erwerb von Achtung und politischer Macht. Durch das Erbringen von Solidaritätsleistungen wie Großzügigkeit, Mut (bei Kriegern) oder Gerechtigkeit konnte man einen höheren Sozialstatus erwerben. Zum Beispiel luden wohlhabende Gruppenmitglieder öfter zu "Bierparties" ein und ließen so ihre Verwandten und Nachbarn an ihrem Wohlstand teilhaben.

Die Norm der Kollektivität und des umfassenden Zusammenhaltes wurde in der Erziehung vermittelt und mittels Sanktionierung bei Abweichung gesichert. Durch ein religiös-spirituelles Fundament wurden Not, Unglücke, Krankheiten uns Gebrechen nicht als individuelles Schicksal, sondern als Bedrohung der Gemeinschaft interpretiert. Das Mißachten von Regeln und Tabus oder Bräuchen forderte Sanktionen von übernatürlichen Mächten heraus, die wiederum die gesamte Gruppe bedrohten. Notlagen als kollektive Strafen mußten hinsichtlich ihrer Folgen kollektiv bearbeitet werden.

Insgesamt läßt sich feststellen, dass der Bedarf an Solidaritätsleistungen zwischen den Gruppen wechselte und auf diese Weise die Bereitschaft zur Leistungserbringung stärkte. Alle Beteiligten kamen somit sowohl in die Rolle des Erbringers als auch in die des Nutzers von Solidaritätsleistungen.

2.1.2. Häuptling

Außer den erfahrenen Männern gab es in manchen Gruppen ein **erbliches Häuptlingsamt**, das aber nicht über richterliche Macht verfügte. Der Häuptling war Anführer der Jagd. Er kontrollierte u.a. die Wasserstellen und die speziellen ertragreichen Sammelstellen. Außerdem hatte er rituelle Funktion.

Bei den Khoikhoi (Südafrika) war die Struktur von Autorität sehr stark ausgeprägt. Diese Autoritätsstruktur war auf den Viehbesitz zurückzuführen. Je mehr Vieh man besaß, desto reicher war man. Herden waren nicht Gemeineigentum, sondern gehörten zu einzelnen Familien. Für interne Probleme sowohl um Vieh, Wasserstellen und zur Verteidigung gegen Nachbarvölker oder Fremde als auch gegen die eindringenden Weißen mußte eine handlungs - und durchsetzungsfähige Führungskraft geschaffen werden. Dies war das Häuptlingsamt mit rituellen, richterlichen, politischen und militärischen Funktionen.

Im 19. Jahrhundert nahmen zahlreiche Gesellschaften vor allem vor der Küste Ostafrikas am internationalen Handel teil. Die am Handel beteiligten Gruppen profitierten. Durch den Zugang zu Prestigegütern und den Einfluß fremder Wert- und Denksysteme gelang ihnen die Übernahme der Autorität des Häuptlings und der Alten. Im Laufe der Zeit entstand eine neue Schicht mit wirtschaftlicher und gesellschaftlicher Macht. In Abwesenheit einer traditionellen Legitimation hatten sie aufgrund der bestehenden militärischen Stärke und Handelstätigkeit sowie der Kontrolle über den Fernhandel die Alleinherrschaft. Das Häuptlingsamt, dem eine subsistenzorientierte Agrargesellschaft zugrunde lag, wurde durch einen **Militärführer mit expansiven Handelsbeziehungen** ersetzt (vgl. Nohlen: 1987, 453, 454).

2.1.3. Königsherrschaft

Die Herrschaftsform der Königtümer beinhaltete im Vergleich zum Häuptlingsamt qualitativ eine größere Machtfülle des Herrschers. Sie hatte eine komplexere Organisation der Machtausübung und war durch eine größere vertikale Differenzierung der Gesellschaft, die den König trug, gekennzeichnet. Dies war unter den afrikanischen Königen z.b. der Ashanti, Dahomey, Bamum und Benin sowie Buganda festzustellen, und auch im Reich der Wolof war der Unterschied zu bemerken.

Am Beispiel des Königreiches Dahomey kann dies noch näher erläutert werden: Das Königreich von Dahomey hatte z.b. ein Abgabensystem organisiert, wobei die gesamte Bevölkerung und alle Wirtschaftsbereiche erfaßt oder zugeordnet wurden. Sklaven, Beute der jährlichen Kriegszüge, wurden auf königlichen Plantagen eingesetzt oder an Europa bzw. Nordamerika verkauft. Um diese ökonomische und die damit verbundene politische Macht abzusichern, war die Einbindung bedeutender Familien reicher Schichten in das Herrschaftssystem notwendig. Hier ernannte der König seine Beamten und konnte sie jederzeit wieder entlassen. Wer diese politische und militärische Ämter besaß, dem gehörten automatisch nicht nur das Ansehen, sondern auch Reichtum. Diese wohlhabenden und einflußreichen Beamten und Händler waren die eigentliche Stütze der königlichen Macht. Deshalb war der König besonders daran interessiert, sich ihre Gunst zu erhalten. Um das Königtum ideologisch und rituell zu demonstrieren bzw. zu legitimieren, wurden jährlich öffentlich Feste gefeiert. Zu der politischen Macht des Königs gehörten gesetzgebende und ausführende sowie rechtsprechende Gewalt (vgl. zusammenfassend Nohlen: 1987, S. 453, 454).

2.1.4. Handelshäuser mit Volksversammlung

Die Abschaffung des überseeischen Sklavenhandels vor allem durch die europäischen Mächte nach 1807 schränkte die wichtigste Einkommensquelle des Königreiches ein.

Private Händler konnten sich auf die neue Veränderung umstellen, z.B. auf Exportproduktion, Palmöl usw. Dagegen gelang es dem König, der bisher ausschließlich von der Raubwirtschaft gelebt hatte, nicht mehr, seine Einkommensquelle beizubehalten. Daher gewann die private Händlerschicht 17 an politischem Einfluß und untergrub zunehmend die Macht des Königs in der zweiten Hälfte des 19. Jahrhunderts, auch ohne das politisch-militärische Eindringen der französischen Kolonialmacht (vgl. Nohlen: 1987, S. 454).

Durch den Handel in verschiedenen Städten in Ostafrika und vor allem im sogenannten "Saharahandel" hatten sich nicht nur neue gesellschaftliche Formen und Schichten herausbildet, sondern auch neue Stadtstaaten. Diese Städte/Gebiete wurden überwiegend von den Haussa-Stämmen (heutiges Nigeria) bewohnt. Auch in den sogenannten Fischerstädten im Nigerdelta war dieser Entwicklungsprozeß festzustellen. Politische Entscheidungen basierten auf der Teilnahme aller erwachsenen Männer. Mit der Erweiterung des Auslandsklavenhandels und der Steigerung des Gewinnes unterteilten sich die Gesellschafts- und Herrschaftssysteme in klare ökonomische Interessengruppen.

Diese Interessengruppen hatten sich als **Handels-** oder **Kanu-Häuser** organisiert. Diejenigen, die größere Boote bzw. mehrere davon ausrüsten konnten, hatten Handelsvorteile bei den Europäern, zogen Arbeitskräfte an und beanspruchten gesellschaftlichen Einfluß oder Ansehen. Im Lauf dieses innergesellschaftlichen Prozesses wandelte sich die Dorfversammlung, indem sie sich mehr differenzierte als vorher. Dies führte zur Machtverschiebung von einer Versammlung, die die Macht hatte, zu einer Versammlung der "Kanu-Haus"-Leiter (vgl. Nohlen: 1987, S. 454), d.h. zur Bildung neuer geregelter Formen der Praxis von politischer Machtausübung und zur Herausbildung definierter Träger dieser Macht.

Obwohl es konkurrierende Gruppierungen gab, war die ganze Gesellschaft einer politischen Autorität unterstellt. Es waren also keine neuen, ehrgeizigen Schichten entstanden, sondern die gesamte Gesellschaft wurde in die Ausweitung der Handelstätigkeit und in einen politischen Entwicklungsprozeß einbezogen, die den Bedürfnissen und Interessen der großen Mehrheit der freien Bürger Rechnung trugen (vgl. Nohlen: 1987, S. 454).

2.1.5. Der theokratische Staat

Im Westen von Afrika gab es außer dem Großreich Ghana (von 700 bis 1200) auch die **islamischen Großreiche** von Mali (von 1200 bis 1500) und Songhai (von 1350 bis 1600). Die beiden islamischen Großreiche von Mali 18 19 und Songhai brachten islamische Gesellschaften und politische Reformen und die damit verbundenen Vorstellungen von Demokratie. Die Basisstruktur der neuen Reiche war theokratisch. Man wollte ein größeres Staatswesen auf den Vorstellungen des Islam vom Staat, vor allem auf den Grundlagen des islamischen Rechts, aufbauen.

Zur Demokratie nach islamischen Verständnis gehören die folgenden Begriffe: Khalifat, Tauhid und Risala.

(1) Khalifat wird als Statthalterschaft verstanden. Das bedeutet, daß der Mensch von Gott beauftragt ist, die göttliche Herrschaftsgewalt auf der Erde in den von Gott vorgeschriebenen Grenzen auszuüben.

(2) Tauhid bedeutet die Einheit Gottes, d.h. daß "ein Gott allein der Schöpfer, Erhalter und Herr des Universums ist sowie all dessen, was darin existiert, sei es organisch oder anorganisch." (Maududi: 1996, S. 57ff.).

(3) Während dessen ist Risala das Prophetentum oder die Botschaft Gottes.

Das westliche Demokratieverständnis unterscheidet sich vom islamischen Demokratieverständnis dadurch, daß hier die Herrschaft vom Volk ausgeht, während die Demokratie im Islam auf dem Grundsatz des Khalifats basiert. Im westlichen säkularen demokratischen System sind die Menschen die Herrscher. Dagegen ruht die Herrschaftsgewalt im Islam bei Gott, und die

Menschen sind nur seine Khalifen oder Statthalter. In der westlichen Demokratie werden die Gesetze von Menschen erlassen. Im Islam müssen die Gesetze von Gott durch seinen Propheten erlassen sein und deshalb wörtlich befolgt und ausgeführt werden (vgl. Maududi: 1996, S. 57ff).

Zu den bedeutenden Gründungen dieser Staaten gehörte das **Khalifat** von Sokoto im Norden von Nigeria. An der Spitze des islamischen Staates stand als "**Oberster Befehlshaber der Gläubigen**" ein **Khalif** mit der Aufgabe, die islamischen Vorschriften zu bewahren und durchzusetzen. Durch die Ausübung dieser Tätigkeiten wurde er in seinem Amt legitimiert. In den Provinzen ernannte er Emire als Statthalter. Als Regierungschef ernannte er ebenfalls Minister und Beamte. Diese waren ihm und den islamischen Rechtsgelehrten verantwortlich. Die religiöse Legitimation der staatlichen Macht/Autorität spiegelte sich auch in der Wirtschaftsverfassung wider. Das islamische Recht schuf einen einheitlichen Rechts- und Wirtschaftsraum. Da die theokratische Staatsform eine eigene Legitimation und Basis außerhalb der Wirtschaft und des Handels hatte, gab es keine Herrschaftsschichten oder Bedrohung. Handel und Industrie wurden vom politischen System ermuntert und keinen besonderen Beschränkungen unterworfen. Staat und Wirtschaft waren komplementär.

Die gesellschaftlichen Strukturen waren durch wachsende Differenzierung aufgrund von Religion, Bildung, Amt, Reichtum, ethnischer Zugehörigkeit und persönlichem Status (Sklaven) geprägt. Die Städte als Verwaltungszentren, als Stätten islamischer Gelehrsamkeit, als Mittelpunkte des Handels und der Industrie zogen eine wachsende Bevölkerung an und leiteten einen anhaltenden Urbanisierungsprozeß ein.

Das politische System der Theokratie mit seiner Wirtschaftsverfassung und Gesellschaftsstruktur bescherte Sokoto trotz der ständigen Gefahren der konkreten Machtkonstellationen, der Unterdrückung eines großen Teils der Bevölkerung (Sklaven) und der destruktiven, nicht produktiven Tätigkeit von Sklavenjagd und heiligem Krieg eine Entwicklungsdynamik und geistige wie wirtschaftliche Blüte. Im Unterschied zu anderen afrikanischen Gemeinwesen war die Herrschaft stabiler und flexibler, weniger an bestimmte Formen ökonomischer Tätigkeit und gesellschaftliche Strukturen gebunden und damit zu größerer, personenunabhängiger Kontinuität fähig.

2.1.6. Zusammenfassung

Aus den vorliegenden Darstellungen des präkolonialen Afrikas wird meines Erachtens bereits deutlich, dass keinesfalls von einer einheitlichen Ausgangssituation für das gesamte Afrika gesprochen werden kann. Es existierten (vergleichbar mit anderen Kontinenten zu der Zeit) sehr unterschiedliche Formen der wirtschaftlichen Entwicklung und damit verbunden der gesellschaftlichen Ordnung in den einzelnen Teilen des Kontinents. Es bestand wenig Bewußtsein darüber, zu einem Kontinent zu gehören, also "Afrikaner" zu sein. Vielmehr setzten sich einzelne Völker oder die Bevölkerung einzelner Territorien oder Königreiche gegenüber anderen durch und gestalteten so zum Teil große Reiche, wie die Expansionsbewegungen zum Beispiel des Dahomey- Reiches, der Toucouleur und der Ngoni belegen. Andere große afrikanische Reiche waren das Songhay- Reich, die Reiche der Bambara, der Mossi und Dagomba, der nomadischen Fulbe oder Fulani (die im 19. Jahrhundert durch "Heiligen Krieg" viele Völker zum Islam bekehrten), der Ashanti, der Yoruba und andere (vgl. Hanak: 1995, S. 20 139). Von einigen afrikanischen Wissenschaftlern wird in diesem Zusammenhang der Begriff der "innerafrikanischen Kolonisation" verwendet um zu verdeutlichen, dass diese innerafrikanischen Expansionsbestrebungen ebenfalls mit Gewalt, Zwangsbevormundung und damit der Zerstörung von afrikanischen Völkern und deren Identitäten einher ging (vgl. Kabou: 1995, 122-129).

2.2 Kolonisation Afrikas und ihre Auswirkungen

Viele Historiker aus Europa, Afrika oder den USA sind sich einig, daß die heutigen politischen, sozialen, ökonomischen und kulturellen Probleme der sogenannten "Dritten Welt", darunter Afrikas, sich zum großen Teil als Spätfolgen aus der Kolonialherrschaft Europas über Afrika ergeben. Das rücksichtslose Verhalten der Kolonialmächte äußerte sich insbesondere in der Mißachtung der afrikanischen Entwicklung und Eigenheiten (z.B.

Grenzziehung mit Lineal) und Ausbeutung der Ressourcen (vgl. Michler: 1991, S. 86-87).

Menzel schrieb: "In vielen Theorien ist der Kolonialismus die alleinige Wurzel für die heutigen Probleme der Dritten Welt. Die Begründung lautet entweder, daß die koloniale Ausbeutung zu einem massiven Einkommenstransfer geführt habe, der eigenständiges Wachstum blockiere, oder daß die Implantierung der kolonialen Ökonomie strukturelle Deformationen verursacht habe, die sich bis heute als unauflöslich erweisen." (Menzel: 1992, S. 50ff).

Auf der anderen Seite wurden für die Probleme oder die "Rückständigkeit" der Dritten Welt in den sechziger Jahren wesentlich innergesellschaftliche Faktoren dieser Länder verantwortlich gemacht (vgl. Menzel: 1992, S. 15ff).

In dieser Arbeit geht es allerdings nicht darum, Schuldzuweisungen an die beteiligten europäischen Länder zu verteilen, sondern darauf hinzuweisen, daß die Krise Afrikas möglicherweise nicht von Natur aus bestand, sondern von Menschen (Europäern und Afrikanern) verursacht wurde und deshalb auch von Menschen gelöst werden kann, wenn der Wille und die Bereitschaft dazu bestehen.

An dieser Stelle soll auch bemerkt werden, daß die Europäer nicht nur Schlechtes nach Afrika brachten, wie es die Folgen der Kolonialzeit vielleicht auf den ersten Blick nahelegen könnten. Sie brachten auch wertvolle Dinge und unterstützten die Entwicklung in vielen Bereichen wie unter anderem in der modernen Medizin, Bildung, Infrastruktur (Verkehrswegenetz), Technik etc. Mit moderner Technik ist es in Afrika gelungen, einige große Probleme und Schwierigkeiten wie bestimme Krankheiten, z.B. Epidemien, zu bekämpfen. Es wäre deshalb unfair, die europäischen Einflüsse in Afrika pauschal zu verurteilen und negieren (vgl. Kum'a Ndumbe: 2000, S. 14).

Die Kolonisation Afrikas durch Europa unterschied sich im wesentlichen von den innerafrikanischen Kolonisationen durch erstens die Hautfarbe der Eroberer (wenn man die arabischen Eroberungen vernachlässigt), die Wirksamkeit der für die Eroberung gebrauchten Mittel (insbesondere die militärische Überlegenheit Europas) und die Ausdehnung des Begriffes der

Nachbarschaft auf Bewohner eines anderen Kontinents (vgl. Kabou: 1995, S. 128).

2.2.1. Grenzteilung Afrikas/Einteilung in Sprachzonen

Auf der **Berliner Kongo-Konferenz am 15. November 1884** wurden die Grenzen Afrikas willkürlich (im Interesse der Kolonialmächte) und ohne Rücksicht auf die seit Tausenden von Jahren existierenden historischen, kulturellen, wirtschaftlichen und politischen Zusammengehörigkeit der dort lebenden Völker vorgenommen.

Auf die Einladung des deutschen Reichskanzlers Bismarck im Jahr 1884 wurde die Berliner Konferenz von mehr als dreizehn europäischen Staaten sowie den Vereinigten Staaten von Amerika besucht.

Zuvor war die Epoche des Sklavenhandels zumindest formell beendet worden. Von einigen Forschern wurde geschätzt, daß 30 Millionen Afrikaner aus ihren Heimatländern als Sklaven allein nach Amerika deportiert wurden. Hunderttausende davon starben auf dem Transportweg.

In Berlin wurden damals die Spielregeln zur Eroberung des afrikanischen Kontinents vereinbart. Auslöser der Berliner Kongokonferenz waren Streitigkeiten der Europäer untereinander vor allem über die Frage, wer künftig den "Kongo" besitzen sollte. Mit der Konferenz wollte Bismarck diesen Streit schlichten (vgl. Michler: 1991, S. 86-87). Afrika wurde mit dem Lineal aufgeteilt.

"Der mit blutigen Kämpfen verbundene Streit um Einflußsphären wurde 1884/85 in Berlin besiegelt: Danach wurde der Sahel-Sudan (etwa das heutige Senegal, Mali und Burkina Faso), Mauretanien, Guinea, Elfenbeinküste und Dahomey (das heutige Benin) französische Kolonien bzw. Protektorate, Gambia, Sierra Leone, Goldküste und Nigerien englische und Togo und Kamerun deutsche. Dazu kamen noch portugiesische Besitzungen (Guinea-Bissau, Kapverden) und Liberien, wohin nach Beendigung des Sklavenhandels Afrikaner aus den USA rückgesiedelt wurden. Liberien mit der Hauptstadt Monrovia wurde 1839 zum Staat erhoben und 1847 unabhängig." (Hanak: 1995, S. 140).

Durch die **Teilung Afrikas** wurden verschiedene Menschen mit völlig unterschiedlichen Kulturen und Religionen ohne deren Zustimmung zusammengelegt und mußten einen Nationalstaat bilden. Dies sollte sich schon bald als Auslöser vieler ethnischer, religiöser und politischer Kriege und Konflikte in Afrika erweisen.

"Die Konflikte überschreiten dabei oft die Staatsgrenzen, die zum großen Teil während der Berliner Kongo-Konferenz im Jahr 1884 von den Kolonialmächten gezogen wurden - buchstäblich mit dem Lineal. Diese willkürliche Grenzziehung zerstörte kulturelle und ethnische Einheiten. So findet man die Yoruba in Nigeria, Togo und Benin; die Bakongo in Kongo, Zaire, Gabun und Angola; die Zulus in Südafrika, ihre Vettern aber in Swaziland und Simbabwe; die Ovambo in Namibia und Angola; die Tutsi in Ruanda und Burundi. Umgekehrt wurden viele Stämme von den Kolonialmächten einfach in ein Land zusammengeworfen und zu einer Nation erklärt. Nach dem bewährten Prinzip "Teile und Herrsche" wurden dann kooperative Stämme gegen widerspenstige eingesetzt." (Muyemba: 1996, S. 11-13).

Die Teilung Afrikas begann 1876 und endete 1912. In Südwestafrika, heute Namibia, erklärte der deutsche General Lothar von Trotha den sogenannten "Vernichtungsbefehl" ("extermination order") gegen einige Stämme der namibianischen Bevölkerung. Aufgrund des Vernichtungsbefehls wurden ca. 20.000 Menschen umgebracht, darunter Frauen und Kinder.

Noch nach dem zweiten Weltkrieg beschloß die französische Kolonialverwaltung, in den von ihr kontrollierten Gebieten neue Grenzziehungen zu veranlassen mit dem Ziel, eine Aufsplitterung der politischen Elite der Länder zu bewirken. "Überhaupt unternahm Frankreich - im Gegensatz zu Großbritannien - alles, um eine Balkanisierung, also eine Aufteilung seines Kolonialreiches in viele kleine Staaten zu erreichen. Die Absicht war klar: es ging darum, durch "Teilen und Herrschen" den dominierenden Einfluß des Mutterlandes auch unter den neuen Bedingungen möglichst lange zu erhalten. " (Molt: 1995, S. 25).

Durch die von den Europäern veranlaßte Teilung wurde Afrika nicht nur durch die willkürlich geographisch gezogenen Grenzen, sondern auch durch sogenannte "Sprachzonen" geteilt. D.h. im Einflußgebiet der jeweiligen Kolonialmacht setzte sich auch deren Sprache durch. So fühlen sich viele afrikanische Einwohner der u.a. Französisch, Englisch und Spanisch sprechenden Gebiete den Sprachzonen entsprechenden "Sprachschubladen" angehörig. In Afrika gilt in 22 Ländern die französische Sprache als Amtssprache, Englisch in 18 Ländern, Portugiesisch wird in fünf Ländern gesprochen, Afrikaans in zwei Ländern, Arabisch in zwei Ländern, Spanisch in einem Land, Deutsch in einem Land und afrikanische Sprachen in sechs Ländern (vgl. Michler: 1999, S. 62).

Dies hat zur Folge, daß sich Englisch sprechende Gruppen teilweise mehr als Briten denn als Afrikaner fühlen. Dieses Gefühl ist auch bei den anderen Gruppen zu beobachten und führt dazu, daß eine alte Feindschaft der europäischen Kolonialmächte auf Afrikaner übertragen wurde und durch die Sprache weiter lebt. Dies erschwert wesentlich die Zusammenarbeit zwischen den Afrikanern. Insbesondere bei der sogenannten "anglophonen und frankophonen Elite Afrikas" sind die Verständnisprobleme bis heute festzustellen (vgl. Molt: 1995, S. 24-25).

Einerseits sind Kenntnisse mehrerer Sprachen für die Verständigung immer ein Vorteil. Sprache entwickelt sich jedoch zu einem Nachteil, wenn sie als Instrument einer Politik mißbraucht wird, wie das in der frankophonen und anglophonen Zone zum Teil der Fall war.

Der Umgang mit der Kolonialvergangenheit Afrikas ist in politischer, wirtschaftlicher und sozialer Hinsicht für Afrika schwer und einschneidend. Die Organisation für Afrikanische Einheit (OAU) mit Sitz in Addis Abeba/ Äthiopien einigte sich darauf, die von den Kolonialmächten gezogenen Grenzen Afrikas nach deren Unabhängigkeit zu belassen wie sie sind. Diese Entscheidung wurde mit der Achtung der Unverletzlichkeit der Grenzen begründet. Außerdem wollte man die Souveränität, die territoriale Integrität und Unabhängigkeit der Staaten achten. Es zeigt sich jedoch, daß Kriege und Konflikte Afrikas wie z.B. zwischen Somalia und Äthiopien und Eritrea oder Senegal und Mauretanien, Tschad und Libyen usw. zum großen Teil auf die damals willkürliche Festlegung der Grenzen zurückzuführen sind (vgl. Muyemba: 1996, S. 14). Inzwischen hat sich Eritrea von Äthiopien nach fast 40 Jahren Bürgerkrieg abgespalten. Ich glaube nicht, daß Eritrea das letzte Land sein wird, das die Kolonialgrenzen überschreitet.

2.2.2 Europas wirtschaftliche Interessen an Afrika

Den eigentlichen Grund/Anlaß für die Besetzung Afrikas lieferte neben den politischen Machtdemonstrationen innerhalb Europas jedoch das wirtschaftliche Interesse Europas an neuen Bezugsquellen für Rohstoffe und Absatzmärkte für die in Europa produzierten Waren. Die Industrielle Revolution legte die Grundlage und zwang die Wirtschaft in Europa, anderswo neue Märkte zu suchen. Afrika galt als noch nicht erforscht, und es lag die Vermutung nahe, dort auf zahlreiche Bodenschätze zu stoßen.

Der belgische König Leopold II. gegründete 1876 eine "Internationale Afrikanische Gesellschaft" mit dem Ziel, Mittelafrika zu erforschen, seine Bevölkerung zu zivilisieren und die Afrikaner an Handel zu gewöhnen (vgl. Muyemba: 1996, S. 8ff).

Außerdem zwang das Bevölkerungswachstum die Industriestaaten, andere Ernährungsmöglichkeiten zu finden. Die Kolonialterritorien boten eine Aufnahme der auswanderungswilligen Bevölkerung der Mutterländer. Da die Europäer nur ihre eigene Wirtschaftsstruktur kannten und schätzten, schufen sie in Afrika wiederum europäisch beeinflußte Strukturen, die sich mit den schon bestehenden lokalen Systemen jedoch nicht vereinbaren ließen (vgl. Muyemba: 1996, S. 12-13). Dadurch gerieten die ursprünglichen afrikanischen sozio-ökonomischen Wirtschaftssysteme in Vergessenheit und/oder wurden komplett zerstört. Durch die Ausrichtung der afrikanischen Wirtschaft auf europäische Interessen entstand gleichzeitig eine große Abhängigkeit von Europa.

Trotz der politischen Unabhängigkeit von den Kolonialländern ist Afrika aufgrund seiner Wirtschaftsstruktur weiterhin von den europäischen Wirtschaftssystemen beeinflußt und abhängig, da auch die Ausbildungen zu großen Teilen europäisch beeinflußt waren. Die außerordentlichen Probleme und Abhängigkeiten zeigen sich insbesondere bei der starken Konzentration der Wirtschaft auf wenige Exportgüter (Kaffee, Zuckerrohr, Kakao etc.).

2.2.3. Politik der Ethnizität und "Divide and Rule"

Die Kolonialmächte konzipierten in Afrika eine Politik der Ethnizität. D.h. die Ethnie wurde politisiert. Heute gilt Ethnizität in der afrikanischen Politik als wichtiges Instrument zur Bekämpfung der Gegner. Sie wird als eine "Krankheit" Afrikas bezeichnet.

Als Basis für die ethnische Zugehörigkeit werden Merkmale wie die gemeinsame Sprache, Rituale und Geschichte betrachtet.

"[...] politisierte Ethnizität liegt vor, wenn ethnische Gruppenzugehörigkeit im Kontext sozialpolitischer Prozesse als politische Ressource instrumentalisiert und als Mobilisierungsmittel in Macht- und Verteilungskämpfen eingesetzt wird. Entsprechend der unterschiedlichen Ausgangsbedingungen und Interessenlagen je unterschiedlicher Akteure, seien es politische Eliten, sozial entwurzelte Arbeitsmigranten, arme Bauern oder marginalisierte städtische Unterschichten, kann die Politisierung von Ethnizität vielfältige Bedeutungen und Funktionen erhalten." (Kreile: 1997, S. 12ff).

Es ist jedoch festzustellen, daß die Menschen des vorkolonialen Afrika ursprünglich verschiedenen sozialen Vereinigungen/Organisationen oder Netzwerken wie Abstammungslinien, Heiratsklassen, religiösen Kulten und Altersklassen angehörten. Diese Vereinigungen und Netzwerke ermöglichten den Menschen die Identitätsbildung. Aber "[...] Keineswegs lag die Hauptbetonung auf der ethnischen Identität, denn das Territorium der staatlichen oder vorstaatlichen Gemeinschaften war selten klar abgegrenzt, und solange es keine Landkonflikte gab, bestand keine Veranlassung sich spezifisch als "Stamm" oder "Volk" zu definieren. Die großen Staaten Afrikas im 19. Jahrhundert waren alle multiethnische. Die Zugehörigkeit zu einem Staat bedeutete keine sprachliche, kulturelle oder ethnische Gemeinsam-

keit, sondern eine politische, die Zuordnung zu einem Chief oder König."
(Kreile: 1997, S. 16ff).

Historiker wie Hiffe und Ranger haben eine Fülle von Beispielen herausgearbeitet, die belegen, daß sogenannte "Stämme" in erster Linie eine koloniale Erfindung und Schöpfung sind, die eine Übertragung europäischer Nationalstaaten auf afrikanische Verhältnisse darstellen und koloniale Herrschaftsinteressen widerspiegeln. Pointiert bemerkt Ranger: "Ost- und Zentralafrika waren ... niemals so "tribal" wie im 20. Jahrhundert." (Kreile: 1997, S. 16ff).

Im Interesse effektiver Verwaltungseinheiten und im Sinne einer umfassenden Kontrolle der Kolonialgebiete schufen die britischen Kolonialbeamten die "Stämme" und deren als "traditionell" definierte Autoritäten im Rahmen der "indirekten Herrschaft" [Divide and Rule], welche die von der Kolonialmacht zugewiesenen Aufgaben ausführen mußten. Dabei ging es beispielsweise um die Erhebung von Steuern, die Bereitstellung von Arbeitskräften für Plantagen und Minen sowie nicht zuletzt um koloniale Herrschaftssicherung durch Spaltung der Unterworfenen. Bestimmte Gruppen der afrikanischen Gesellschaft übernahmen ihrerseits die Erfindung von Traditionen und Stämmen in ihrem eigenen Interesse und wirkten tatkräftig mit an deren historisch-mythologischer Fundierung und Legitimation.

Genauso wie die Kolonialbeamten effektive Verwaltungseinheiten anstrebten, bemühten sich die Afrikaner um effektive Aktionseinheiten. Da sie solche neu geschaffenen Einheiten selbst leiten und damit Macht und Einfluß erlangen konnten, beteiligten sie sich an deren Erschaffung (vgl. Kreile: 1997, S. 12ff). Hiffe notiert: "Die Europäer nahmen an, die Afrikaner gehörten zu Stämmen - und die Afrikaner taten das auch." (Kreile: 1997, S. 12ff).

Wie bereits erwähnt, wurden während der Kolonialzeit bestimmte Gruppierungen, die mit der Kolonialherrschaft zusammenarbeiteten, bevorzugt, z.B. in Ruanda und im Sudan. Dies faßt man mit dem Schlagwort der "Divide and Rule"- Politik zusammen, d.h. teile und herrsche im Sinne von teile, um zu herrschen/regieren. Diejenigen, die die Macht nach der Unabhängigkeit übernommen haben, wollten sie auch weiterhin behalten. Das hat dazu geführt, daß die heutige politische Führung einiger afrikanischer Länder kein Interesse daran hat, demokratische Grundrechte für jeden Bürger einzuführen, sondern die Politik der politisierten Ethnizität auch nach der Unabhängigkeit weiter zu betreiben.

Viele der Konflikte Afrikas, z.b. in Liberia, Ruanda und Kenia, haben Ethnizitätscharakter. Zahlreiche Literatur deutet darauf hin, daß ethnische Konflikte Resultate der Kunstprodukte der Grenzteilung Afrikas sind, die neue ethnische Zugehörigkeit geschafft hatte.

Ein solcher Teufelskreis bedeutet für den Betroffenen und für die Gesellschaft insgesamt eine Krise, die beseitigt werden muß. Es kann zu Krieg, Konflikten, Gewalt und Kriminalität führen, wenn die Mehrheit der Bevölkerung betroffen ist, wie in mehreren afrikanischen Ländern bereits festzustellen ist.

Die Massaker an mehr als einer halben Million Menschen in Ruanda 1994 belegen, daß die künstliche Zusammenführung durch die Kolonialmächte in Afrika noch nicht bewältigt ist. Die Medien in vielen Ländern haben den Krieg in Ruanda als "Stammeskrieg" zwischen den Gruppen Tutsi und Hutu bezeichnet, ohne eine genaue Erklärung zum Thema abzugeben.

Der Staat Ruanda wurde vor Kolonialzeit und damit vor der Unabhängigkeit des Landes von Hutu und Tutsi bewohnt. Die Zahl der Hutu betrug 85 Prozent der Einwohner Ruandas. Dagegen belief sich der Anteil der Tutsi auf 14 Prozent der Bevölkerung. Sie sprechen die gleiche Sprache und haben die gleiche Kultur und Religion. Außerdem waren sie politisch geeint. Historisch und traditionell lebten die Hutu wesentlich vom Ackerbau. Dagegen lebten die Tutsi von der Viehzucht und der Verfügung über Reichtum und das Machtmonopol. Durch die Kolonialherrschaft und Missions- Geschichtsschreibung wurden die ethnischen Zugehörigkeit begründet, verfestigt und instrumentalisiert.

"Die Tutsi wurden als angebliches Herrenvolk von der belgischen Kolonialadministration gefördert, die auch einen ethnischen Zuordnungsvermerk im Ausweis zur Pflicht machte. Mangels kultureller Unterscheidungskriterien wurde als Tutsi definiert, wer mehr als zehn Kühe besaß." (Kreile: 1997,

S. 13). Die Hutu-Mehrheit leistete Widerstand gegen die Tutsi-Monarchie, und es gelang ihr, die Unabhängigkeit Ruandas im Jahr 1962 zu gewinnen. Tausende von Tutsis wurden ermordet und aus dem Land vertrieben. In den siebziger Jahren versuchte die Regierung Ruandas unter der Hutu-Führung, eine Versöhnung der beiden Völker herbeizuführen (vgl. Kreile: 1997, S. 13).

Auch die Krise in Somalia ist durch die Kolonialherrschaft und die diktatorische Herrschaft von Mahamed Saad Bari entstanden. Mit der Teilung Afrikas wurde Somalias Volk fünf Besatzungsgebieten zugeordnet, nämlich der französischen Somali-Küste, heute Djibouti genannt, dem britischen Somaliland, dem italienischen Somaliland sowie Kenia und Äthiopien. Nach der Unabhängigkeit des Landes in den sechziger Jahren vereinigten sich das britische und das italienische Gebiet und bildeten zusammen die sogenannte Republik Somalia. Die Hauptstadt der Republik Somalia wurde Mogadischu. Von 1960 bis 1969 gab es ein funktionierendes parlamentarisches Regierungssystem. Da die neue Verfassung für die neue Republik Somalia unter ausländischer Beratung erarbeitet worden war, wurde "das traditionelle Clansystem" in der Verfassung nicht beachtet. Obwohl die Gesellschaft in Somalia homogen ist, mußte nach der Kolonialpolitik und dem diktatorischen Regime des ehemaligen Präsidenten General Mohamed Saad Bari ein friedliches Zusammenleben und ein demokratisches System erst wieder geschaffen werden (vgl. Betru: 2001, S. 95ff).

2.2.4 Die Entwicklung des Landes Sudan als Beispiel

Die historischen Ursachen aktueller politischer, wirtschaftlicher und sozialer Krisen und Konflikte Afrikas möchte ich im folgenden am Beispiel Sudan erläutern.

Als Folge der britischen Kolonialherrschaft herrscht in dem größten und reichsten Land Afrikas seit ca. 40 Jahren Bürgerkrieg zwischen Süd- und Nordsudan. Der Nordsudan wurde im 19. Jahrhundert, d.h. von 1821 bis 1881, von den Türken (Osmanisches Reich) beherrscht. Diese Zeit der türkischen Herrschaft der osmanischen Vizekönige in Ägypten über den Sudan im 19. Jahrhundert wird auch als türkisch-ägyptische Herrschaft über den Sudan bezeichnet (vgl. Hermann: 1995, S. 48).

Von 1898 bis 1955 wurden die beiden Landesteile Nord- und Südsudan unterschiedlich regiert und behandelt. Die ägyptische und die britisch-ägyptische Kolonialära bildeten die Modelle für die autoritären Regierungen im Sudan (vgl. Kok: 1996, S. 91ff).

Der Süden, der mehrheitlich von Christen und Anhängern der afrikanischen Religionen bewohnt wird, wurde unter der Politik der "Closed District Order" 1922 durch Großbritannien von dem Norden getrennt. 1930 wurde diese Politik des Closed District Act zwischen Süd- und Nordsudan verstärkt, mit dem Ziel, den Südsudan zu re-afrikanisieren, d.h. "den Einfluß der arabischen Sprache, Kultur und Religion in dem ehemals rein afrikanischen Süden energisch zurückzudrängen. Viele Nordsudanesen machten später diese "Southern Policy" für den Ausbruch des blutigen Bürgerkrieges zwischen Nord- und Südsudanesen verantwortlich." (Hermann: 1995, S. 53-54).

Unter dem Closed Distrikt Act durften Nordsudanesen nicht ohne Visa in den Südsudan einreisen. Nordsudan wurde ebenfalls von England kolonialisiert. Die beiden Teile des Sudan waren unter britisch-ägyptischer Kondominiumverwaltung. Kondominium heißt, daß die beiden Länder England und Ägypten sich verpflichteten, den Sudan gemeinsam zu kolonialisieren. Kurz vor der Unabhängigkeit des Sudan im Jahr 1956 wußten die britischen Verwalter, die für den Süden zuständig waren, nicht, ob der Süden als ein unabhängiger Staat entlassen werden sollte. Zwei Jahre vor ihrem Abzug hatten sich die Briten überlegt, ob es nicht besser wäre, wenn der Südsudan mit Uganda oder Tansania zusammengelegt würde. 1954 entschieden sich die Briten jedoch dafür, den Süden mit dem Norden zu vereinigen.

Diese Entscheidung fiel nicht ohne Gründe. Ägypten, das mit Großbritannien das Land regierte, hatte wirtschaftliche und politische Interessen am Süden. Der Süden ist sehr reich an Bodenschätzen. Der Nil fließt durch den Südsudan. Außerdem waren die Ägypter an der Arabisierung und Islamisierung des Süden interessiert.

Im Vergleich zum Südsudan war der Norden auf die Unabhängigkeit von Großbritannien und Ägypten sehr gut vorbereitet. Während des Kolonialismus in der Ära des Osmanischen Reiches, vertreten durch Mohammed Ali im Sudan oder des sogenannten ägyptisch-türkischen Kondominiums im Jahre 1821, hatten die Araber im Norden mit der Kolonialherrschaft als Sklavenhändler zusammengearbeitet. Der Handel der Araber mit Sklaven an der Grenze zum Südsudan hat zum Mißtrauen zwischen beiden Völkern beigetragen.

Vor dem Abzug der Briten und Ägypter im August 1955 begann der erste Krieg zwischen beiden Landesteilen. Das hatte mehrere Gründe: Zum einen wollte der Norden seine unbeliebte Politik durch Integration und Arabisierung des Südsudan erzwingen und durchsetzen. Zum anderen hatten die 30 Nordsudanesen alle staatlichen Institutionen im ganzen Land vom Angestellten bis zum Ministerium mit eigenen Leuten besetzt. Zum Beispiel wurden die Armeeoffiziere des Landes zu hundert Prozent aus den Familien der Mittel- und Oberklasse des Nordens besetzt. Bewerber aus dem Südsudan, auch von der Bildungselite, waren zu militärischen Diensten oder anderen staatlichen Ämtern nicht zugelassen. Dies wurde als Fortsetzung der britischen und ägyptischen Kondominium-Politik betrachtet. Mit der Fortsetzung der systematischen Diskriminierungspolitik durch den arabischen und islamischen Norden kam es zum offenen Konflikt im Sudan.

Addis Abeba Abkommen:

Der 17 Jahre andauernde Konflikt wurde durch das sogenannte Addis-Abeba-Abkommen im Jahr 1972 beendet. Trotz der Beendigung des Krieges gelang es nicht, die wirtschaftlichen, politischen und sozialen Folgen zu beseitigen. Mit dem Abkommen wurde eine Autonomiebehörde für den Südsudan mit eigenem Parlament, Regierung, Polizei und sogar Armee in Juba, der Hauptstadt des Südens, gebildet. Bis 1982 lebte der Sudan in Frieden.

1983 schaffte General Gafaar Numeiri, der damalige Präsident des Sudan, der das Abkommen unterschrieben hatte, das Abkommen ab und teilte den Süden in kleine Provinzen ein. Gleichzeitig führte der Präsident das sogenannte islamische Recht - die Sharia - auch im Süden ein (vgl. Tetzlaff: 1993, S. 1-5, 14ff, 68-73). Damit wurde der zweite Bürgerkrieg veranlaßt. Seit 18 Jahren wird nun bereits gekämpft, und ob dieser Krieg mit der Einigung des Landes oder einer Abspaltung beendet wird, kann bis jetzt nicht beantwortet werden.

Der Konflikt im Sudan wird von vielen als ethnisch-kultureller und sozioökonomischer Krieg bezeichnet (vgl. Tetzlaff: 1995, S. 284ff).

Mohamed Suliman schreibt im seinem Beitrag zur Sicherheitspolitik und Konfliktforschung, der Süd-Nord-Konflikt sei ein "[...] typisch ethnischreligiöser Konflikt, [...] ein Bürgerkrieg zwischen Moslems und Christen bzw. Arabern und Schwarzafrikanern." (Suliman: 1992, S. 124ff).

Diese Beschreibung des sudanesischen Konfliktes ist nicht ungerechtfertigt. Doch mit der Entdeckung des Öls im Süden in den achtziger Jahren hat sich der Krieg auch zu einem wirtschaftlichen Problem ausgeweitet. Menschenrechtsorganisationen wie z.B. die Gesellschaft für bedrohte Völker (GfbV) betrachten den Krieg zunehmend auch als Ressourcenkrieg (vgl. Society for 31 Threatened Peoples: 2001, S. 1ff.) Problematisch ist die drastische Zunahme der Menschenrechtsverletzungen im Rahmen der Ölförderung (Vertreibung der einheimischen Bevölkerung, um das Öl zu fördern).

Welche Chance hat man, den Krieg im Sudan dauerhaft und friedlich zu beenden?

Auf der nationalen und internationalen Ebene laufen Bemühungen, die Krise friedlich zu lösen. Die großen Oppositionsparteien im Norden und Teile der Rebellen im Süden unter dem Dach "Demokratische Nationale Allianz" haben die sogenannte Asmara-Deklaration 1995 unterzeichnet, die unter anderem die Durchführung einer Volksabstimmung/eines Referendums für die Bewohner des Südens vorsieht (Herman: o.V., 1995). 1997 wurde das Khartoum Agreement zwischen der Südsudanesischen Unabhängigkeitsbewegung (South Sudan Independence Movement/SSIM) und der Südsudanesischen Unabhängigkeitsarmee (South Sudan Independence Army/SSIA) unter der Führung von Dr. Riek Machar und dem Regime im Sudan abgeschlossen. Das Khartoum-Abkommen sieht ebenfalls die Durchführung einer Volksabstimmung/eines Referendums für den Südsudan vor. Die Bewohner des Südens sollen entweder die Einheit des Sudan oder einen unabhängigen Südsudan unter der Beobachtung der Internationalen Gemeinschaft, z.B. der UNO, wählen dürfen (vgl. Khartoum- Abkommen 1997, Djibuti-Home-Land-Abkommen 1999, Sudan People Liberation Movement und Popular National Congress - Vereinbarung vom 19.02.2001 in Genf).

Sollte dieser Vorschlag realisiert und sein Ergebnis von allen Parteien im Sudan respektiert werden, könnte dadurch eine dauerhafte Lösung des Problems gefunden werden. Andere Wege werden keine Lösung bringen!

Zusammenfassend läßt sich feststellen, daß die Ursachen für die Kriege und Konflikte im Sudan einerseits durch die Kolonialherrschaft, d.h. durch die Briten, veranlaßt wurden. Hätte sich andererseits der Norden (Regierung) wirklich für die Lösung der Krise interessiert, wäre das Problem möglicherweise schon gelöst. Nach 40 Jahren der Unabhängigkeit kann man die Schuld nicht allein Großbritannien zuschieben. Insbesondere am Beispiel des Sudan werden damit die bereits dargelegten Thesen des Zusammenhangs von historischen Ursachen und aktuellen politischen, wirtschaftlichen und sozialen Krisen Afrikas eindrucksvoll belegt.

2.2.5. Koloniale Sozialpolitik

Die Besetzung Afrikas brachte nicht nur neue Grenzen, sondern auch Eingriffe in die traditionelle Ökonomie, die die Basis der traditionellen Solidarität bedrohten oder teilweise ganz zerstörten. Die Kolonialadministration war zugleich in der Lage, die Lebenslagen ausgewählter Personengruppen zu beeinflussen (vgl. Ausführungen zur Divide-and-Rule-Politik). Damit schuf die Kolonisation sowohl einen **Bedarf an sozialpolitischen Leistungen** (durch Aushöhlung der traditionellen Solidaritätsnetzwerke) als auch die **Möglichkeit dazu** (Handlungsvollmachten der Kolonialadministration).

D.h. ein Großteil sowohl der sozialen Probleme als auch der zumeist unangemessenen staatlichen Maßnahmen (der Sozialpolitik) haben zur Zeit der kolonialen Fremdherrschaft ihren Anfang genommen (vgl. Neubert: 1986, S. 2). Neubert stellt bezüglich der Situation Kenias fest: "Mit der Errichtung des Kolonialstaates wird in Kenya Sozialpolitik etabliert." (Neubert. 1986, S. 11).

Koloniale Sozialpolitik existierte jedoch nicht als eigenständiger Politikbereich, sondern ist als "randständiger Faktor in den Gesamtkomplex der Kolonialpolitik" eingebettet (vgl. Neubert: 1986, S. 45).

Neubert unterscheidet hinsichtlich der kolonialen Sozialpolitik in Kenia drei Phasen:

    1.) 1900 - 1920 "Zivilisierung"
    2.) 1920 - 1940 "Dual Policy"
    3.) 1940 - 1963 "Partnership".

1. Phase: 1900 - 1920 "Zivilisierung":

Die koloniale Sozialpolitik war in ihrer Begründung widersprüchlich: Zum einen wurde sie maßgeblich durch machtpolitische und ökonomische Argumente geprägt, zum anderen hatte sie einen humanitären Anspruch.

Die Kolonisation brachte das **Christentum** und die **christliche Kultur** nach Afrika. "Missionen und Kolonisatoren waren sich einig darüber, daß die traditionellen Kulturen der Afrikaner zu deren Wohl überwunden werden müßten [...]. Christentum und christliche Kultur sollten den Weg zu einem zivilisierten Leben eröffnen." (Neubert: 1986, S. 48).

Dabei ergänzten sich Kolonialverwaltung und Missionen bei der kolonialen Inbesitznahme: Die Kolonialverwaltung übernahm die militärische Unterwerfung, Einführung der neuen Ordnung (Verbot des arabischen Sklavenhandels) und Vorbereitung der ökonomischen Erschließung. Die Vermittlung der westlich-christlichen Kultur zählte zum Aufgabenbereich der Missionen.

Der Glaube der Missionare an die christliche Zivilisation war unerschütterlich, und alle sozialen Dienstleistungen dienten dem Hauptziel der Zivilisierung, d.h. der Verbreitung des christlichen Lebens:

"Aus dem Anspruch heraus, ein christliches Familienleben für die Konvertierten zu ermöglichen, mußten die Missionen die notwendigen Voraussetzungen schaffen [...]. Medizinische Versorgung sollte die Abhängigkeit der Afrikaner von traditionellen Heilern aufheben, und Bildung war eine Voraussetzung, um die Bibel zu lesen zu können. Mit der Durchsetzung des Monogamieangebotes und der Ablehnung der polygamen Großfamilie waren die christlichen Afrikaner der traditionellen Solidarität beraubt, und die Zahl der Kinder einer Familie verringerte sich. Die Mission mußte Aufgaben der sozialen Sicherung übernehmen und durch Mutterschaftshilfe, verbesserte Kinderernährung und -pflege die Kindersterblichkeit reduzieren. Sollten die Kinder im Haus ihrer Eltern schlafen, wie dies den Vorstellungen einer christlichen Familie entsprach, so mußten die Häuser mit mehreren Zimmern gebaut werden, um christlicher Moral gerecht zu werden. Der Anspruch, die überlegene christliche Kultur zu vermitteln, wurde durch die Verbreitung handwerklicher Fähigkeiten unterstrichen." (Neubert: 1986, S. 50).

Die Probleme der einheimischen Bevölkerung waren bei der Sozialplanung nur von geringem Interesse. Es dominierte die Sichtweise der europäischen Siedler und der Verwaltung. Eines der ersten Probleme stellte aus deren Perspektive die **Beschaffung von Arbeitskräften** dar. Da Lohnarbeit jedoch unbekannt war und ein Arbeitsmarkt fehlte, griff die Administration zu Zwangsmaßnahmen wie der Einführung einer Kopfsteuer, gesetzliche Mindestarbeitsverpflichtung, Zwangsarbeit und Gefängnisstrafen.

Da die Arbeitsplätze meist weit entfernt von den eigentlichen Siedlungsgebieten lagen, mußten die Afrikaner für die Zeit der Lohnarbeit meist an ihrem Arbeitsort wohnen. Dies geschah unter extrem schlechten Lebensumständen in völlig überfüllten Häusern ohne sanitäre Anlagen u.ä.

Zur Eindämmung gefährlicher Folgen der **Wanderarbeit** (Bedrohung der europäischen Bevölkerung durch Krankheiten und Epidemien) wurden Gesetze zur Regelung der Unterbringung der Afrikaner erlassen und eine konsequente Segregationspolitik mit abgegrenzten Wohngebieten für Afrikaner betrieben (vgl. Neubert: 1986, S. 51-53).

Trotz der gegenteiligen Bemühungen der Missionen bestand die afrikanische Kultur weiterhin, ergänzt um die zusätzlich durch die koloniale Sozialpolitik geschaffenen Probleme. Nur einzelne Teile der westlich-christlichen Kultur wie Bildungsangebote wurden von den Afrikanern relativ schnell angenommen (vgl. Neubert: 1986, S. 54).

2. *Phase: 1920 - 1940 "Dual policy" und Abwehr afrikanischer Emanzipation:*

Zunehmend wurde die Kolonialpolitik mit den durch sie ausgelösten Veränderungen konfrontiert: soziale Probleme in den Städten nahmen zu; die Afrikaner paßten sich langsam den neuen Bedingungen an und gründeten eigene Organisationen zur Verbesserung ihrer sozialen Lage, jedoch ohne konkrete politische Erfolge.

Die britische Regierung traf eine Grundsatzentscheidung zu dem Verhältnis der Rassen in Kenia, in der sie erstmals der europäischen Minderheit die Selbstbestimmung versagte. Stattdessen wurde den Interessen der Afrikaner Vorrang eingeräumt, die aufgrund des "unmündigen Status" der Afrikaner von der Kolonialverwaltung als "Treuhänder" vertreten werden sollten. "**Dual Policy**" meint also die gleichberechtigte Berücksichtigung der Interessen der Afrikaner und der Europäer in Kenia (vgl. Neubert: 1986, S. 54, 55).

Gleichzeitig wurde "Der Auftrag der Zivilisierung [...] durch die Forderung nach einer getrennten Entwicklung der Afrikaner und der Europäer modifiziert. [...] Mit dieser Entscheidung war die rassische Gliederung Kenyas festgeschrieben und die faktische regionale Gliederung in schwarze Siedlungsgebiete (Reservate), Siedlungsgebiete der Weißen und städtische Gebiete mit interner Segregation rassischer Wohngebiete wurde formal gestützt." (Neubert: 1986, S. 55, 56).

Innerhalb der zugewiesenen Territorien wurde eine von der Kolonialverwaltung kontrollierte lokale Selbstverwaltung und eigene lokale Gerichtsbarkeit zugestanden. Damit sollte das traditionelle afrikanische Leben insoweit stabilisiert werden, dass die Wanderarbeiter im Alter, bei Krankheit, in Notzeiten und zur Regeneration ihrer Arbeitskraft darauf zurückgreifen konnten, ohne die Arbeitgeber oder Kolonialverwaltung finanziell (durch höhere Löhne o.ä.) zu belasten.

"In der Erziehung der Afrikaner sollten die "gesunden" Elemente der traditionellen Gesellschaft erhalten und mit Religions- und Moralerziehung verknüpft werden [...]." (Neubert: 1986, S. 57).

Die Veränderungen unter dem Kolonialismus hatten nach anfänglichen Belastungen ein deutliches Bevölkerungswachstum eingeleitet: durch bessere Verkehrswege, bessere Versorgung mit Nahrungsmitteln bei lokalen Mißernten, verbesserte Hygiene durch waschbare Textilien und Maßnahmen zur Seuchenbekämpfung, erste medizinische Versorgungsmaßnahmen und eine Reduzierung kriegerischer Auseinandersetzungen durch die festgelegte neue Ordnung. Die Reservate erwiesen sich zunehmend als zu klein, um mit traditionellen Anbaumethoden die Familien zu ernähren. Die Afrikaner sollten daher gelehrt werden, mit dem Land effizient zu wirtschaften.

In den Städten wurde der Zustrom an Arbeitern zunehmend reguliert, die Löhne begrenzt, Zwangsarbeit verstärkt, Wohngebiete der Afrikaner systematisch abgetrennt und Paßgesetze ausgeweitet. Sozialpolitik hatte aus Sicht der Europäer unter dem ökonomischen Gesichtspunkt kaum Bedeutung.

Im wirtschaftlichen Aufschwung (1927 - 1930) und unter Schirmherrschaft der Gouverneursgattin wurden in Nairobi jedoch soziale Infrastrukturleistungen wie Entbindungsheime, Hospitäler, psychiatrische Kliniken auch für Nichteuropäer angeboten. Die Missionen gründeten Schulen für Afrikaner in den Städten.

Mit der Wirtschaftskrise (1930) dominierten dann erneut wieder die Kontrollmaßnahmen, und die wirtschaftliche Situation der Afrikaner verschlechterte sich aufgrund von Lohnkürzungen.

Im Zuge des erneuten wirtschaftlichen Aufschwunges (1937 - 1939) wurden die sozialen Dienstleistungen (Hospitalerweiterungen, Erschließung von

Wohngebieten) weiter verbessert, ohne den tatsächlichen Bedarf zu decken. "Die extrem niedrigen Löhne als zentrale Ursache für die Armut [...] blieben unverändert." (Neubert: 1986, S. 59).

Mit Ende des Ersten Weltkrieges begannen die Missionen unter Druck der britischen Öffentlichkeit (die fragte, warum eine Zivilisation verbreitet werden sollte, die einen Weltkrieg produzierte), ihren selbst gesetzten **Missionsauftrag** zu überdenken. Sie entwickelten ein mit der "Dual Policy" vergleichbares Konzept, oder anders ausgedrückt: "Die Wiederentdeckung des "noblen Wilden" löste die Vorstellung vom "barbarischen Wilden" ab." (Neubert: 1986, S. 60).

Die Missionen sollten so aufgebaut werden, dass sie von einem noch auszubildenden afrikanischen Klerus in Zukunft betrieben werden konnten. Neues Ziel war die Entwicklung einer afrikanischen Kirche. Im Gegensatz zur Kolonialpolitik nahmen die Missionen den Vorrang afrikanischer Interessen nun mehr ernst und drängte in einem Memorandum auf den Abbau von Benachteiligung. Ergänzend dazu forderten sie die Kolonialregierung dazu auf, Maßnahmen zur Verbesserung der Lebenssituation der Afrikaner zu ergreifen.

Gleichzeitig blieben die Missionen seitens der Afrikaner nicht unumstritten. Besonders gebildete Afrikaner emanzipierten sich und gründeten seit 1931 eigene **unabhängige Kirchen und Schulen**, nachdem die Missionen mit Ausschlüssen und damit verbundenen Ausschlüssen vom Schulbesuch versucht hatten, diese Emanzipationsbewegung einzuschränken. In den unabhängigen Kirchen und Schulen wurde der christliche Glaube gelehrt, ohne die eigene afrikanische Tradition zu verleugnen oder als minderwertig zu betrachten. Die Missionare verloren eine große Zahl ihrer Mitglieder an die neuen unabhängigen Organisationen und dadurch in der Folge auch das Monopol zur Betreibung von Schulen (vgl. Neubert: 1986, S. 61).

Am Beispiel Kongos soll die missionarische Bildungsarbeit während der Kolonialherrschaft kurz vergleichend dargestellt werden:

Während der belgischen Kolonialherrschaft im Kongo gab es zwei Erziehungssysteme. Eines galt für kleine Minderheiten, d.h. für europäische Kinder oder die Kinder europäischer Eltern, und das andere war für die afrikanische Mehrheit im Lande. Die katholische Mission hatte das Schulmonopol. Später gelang es auch der protestantischen Kirche, in die Schulbildung einzudringen. Im Einvernehmen mit der belgischen Verwaltung lag das Schulwesen komplett in den Händen der Missionare. Dieses Monopol des Schulsystems hatte die Kirche bis zum Ende der Kolonialzeit.

1944 waren 16.728 Grundschulen unter der Leitung der Katholischen Mission, und 11.179 Grundschulen waren zwischen 1950 und 1959 unter der Protestantischen Verwaltung. In den Schulen, in denen afrikanische Kinder eingeschult waren, wurden nur Grundkenntnisse, Religionsunterricht und der Taufzwang vermittelt. Politische und intellektuelle Aktivitäten der Kongolesen wurden unterdrückt, sanktioniert und verfolgt. Aufgrund dieser Politik gelangten 1960 nur sehr wenige Afrikaner in die Ränge der Verwaltung, der Armee und der Wirtschaft. Unter 4.642 Verwaltungsbeamten der Kolonie, die die Universität besucht hatten, waren nur drei Kongolesen, die diese Position erreicht hatten.

Diese Situation erklärt, wie wenig die Belgier die Kongolesen auf die Unabhängigkeit und Führung des Landes vorbereitet hatten. Als Folge davon fehlten ausgebildete Führungskräfte, die das Land nach 52 Jahren Kolonisation weiter verwalten konnten. In der gesamten Zeit hatten die Belgier nur 13 Kongolesen für eine Hochschulausbildung zugelassen.

Michler wird von Muyemba dazu folgendermaßen zitiert: "Die Europäer hatten ihre Schulbildung nach Afrika gebracht, hatten dort ihr Erziehungssystem etabliert. Die afrikanischen Kinder lernten genau dasselbe wie ihre Altersgenossen in Europa; meist benutzten sie sogar die gleichen Schulbücher und absolvierten exakt dieselben Prüfungen; das heißt: aus dem Unterricht wußten sie mehr über Europa als über ihr eigenes Land." (Muyemba : 1996, S. 23-24).

Mit der Einschränkung der Kongolesen im Bereich der Bildung wollte man verhindern, daß gebildete Afrikaner die Kolonialherrschaft in Frage stellen und die Kongolesen zu Widerstand mobilisieren könnten. Hinzu kam, "[...] daß die 1954 von den Belgiern gegründete katholische Universität Lovanium in Leopoldville (Kinshasa), wie alle anderen Hochschuleinrichtungen in Afrika, keine selbständige Institution war, sondern ein Organ, das unter der Aufsicht und Betreuung von Hochschulen im Kolonialmutterland stand. In diesem Sinne konnte sie die Kongolesen auf die bevorstehenden Aufgaben auch nicht ausreichend vorbereiten. Einige afrikanische Universitäten folgen noch heute den Lehrplänen der abendländischen Wissenschaft. D.h. viele afrikanische Studierende werden nach wie vor mit Wissen konfrontiert, das in keiner Weise auf die spezifische Entwicklungssituation Afrikas ausgerichtet ist." (Muyemba: 1996, S. 23-24).

Kenia: 3. Phase 1940 - 1963 Partnership:
Entwicklung und Zwangsmaßnahmen

Mit dem 1929 verabschiedeten "**Colonial Development and Welfare Act**" verband die britische Regierung die Hoffnung, durch vergebene Kredite den Kauf britischer Waren in den Kolonialgebieten zu unterstützen und somit die Arbeitslosigkeit in Großbritannien zu mindern. Damit war eine neue Phase der Kolonialpolitik eingeleitet, die sich nach dem Zweiten Weltkrieg in der Bereitstellung von Finanzmitteln für die Entwicklung der Kolonien auswirkte. Weitere "Development and Welfare Acts" folgten in den Jahren 1940 und 1945.

Insgesamt wurden die kolonialen Weltreiche Gegenstand internationaler Kritik. Mit Verkündigung der Menschenrechte vor den Vereinten Nationen (Allgemeine Erklärung der Menschenrechte der UNO 1948) rückten diese und insbesondere das Recht auf Selbstbestimmung auch in den afrikanischen Kolonien in das Bewußtsein.

Innergesellschaftliche Prozesse in Großbritannien (Fabian-Society-Sozialisten forderten die Errichtung eines britischen Wohlfahrtsstaates und die damit verbundene Gesellschafts- und Sozialpolitik zur Beseitigung sozialer Ungleichheiten) wirkten sich auf die Kolonialpolitik als Forderung der **Selbstbestimmung** der Kolonien als neues Ziel aus (vgl. Neubert: 1986, S. 64-66).

Die britische Regierung bejahte damit ihre Verantwortung für die Verbesserung der sozialen Situation in den Kolonialgebieten, sicherte eine zehnjährige Finanzierung zu und schuf Institutionen zur Durchführung der Maßnahmen. Die politische Leitformel der "**Partnership**" meint einen dritten Weg zwischen allgemeiner Demokratie mit afrikanischer Mehrheitsregierung und Herrschaft der europäischen Minderheit.

"Ähnliche Entwicklungsprogramme wurden von anderen Kolonialmächten, den USA und den internationalen Organisationen entworfen; Kolonialpolitik wandelte sich zur Entwicklungspolitik [...]." (Neubert: 1986, S. 67).

Dabei diente ein Großteil der Mittel des "Development and Welfare Act" der ökonomischen Entwicklung, d.h. dem Ausbau der Infrastruktur (Straßen, Wasser), Maßnahmen gegen Landerosion, neuen Anbaumethoden, verbesserter Vermarktung und anderen technisch-ökonomischen Projekten. Zu bemerken war die erneute Bereitschaft, in traditionelle soziale Strukturen einzugreifen, um die Gesellschaft durch geeignete Maßnahmen den neu gesetzten ökonomischen Anforderungen anzupassen. Die Fremdbestimmung blieb weiterhin bestehen: "Die neue Politik wurde den Afrikanern aufoktroyiert. [...] Die Ausweitung sozialpolitischer Maßnahmen wurde einerseits mit der späteren Unabhängigkeit legitimiert, führte aber andererseits zu einer zweiten kolonialen Inbesitznahme [...], mit der die afrikanische Kultur tiefgreifend westlich-europäischen Einflüssen ausgesetzt wurde." (Neubert: 1986, S. 68).

Zum Beispiel zielten die ökonomischen und technischen Maßnahmen zur Förderung der afrikanischen Landwirtschaft auf Ertragssteigerungen und betrachteten traditionelle Anbaumethoden und Landverteilungen als Fortschrittshemmnisse. In der Sozialpolitik lagen in dieser Phase die Schwerpunkte auf

- Bildung und Erziehung:

    Allgemeiner Schulbesuch für Kinder, Alphabetisierung von Erwachsenen und Planung von Massenerziehung als Bewegung der Gemeinde wurden zu einem großen Teil von nicht staatlichen Institutionen wie Missionen angeboten.

- Gesundheit und Ernährung:

    Krankheitsprävention sollte durch verbesserte Wasserversorgung, bessere oder ausgewogenere Ernährung sowie gezielte Gesundheitsversorgung für Mutter und Kind, Eindämmung ansteckender Krankheiten mittels verbesserter sanitärer Anlagen und Baumaßnahmen zur Verringerung der Brutstätten der Krankheitsüberträger erreicht werden. Der gesundheitliche Allgemeinzustand der Bevölkerung sollte durch verbesserte Ernährung und Gesundheitsversorgung gefördert werden.

- Sozialarbeit (social welfare erstmalig besonders erwähnt)

    "Sozialarbeit hatte die Aufgabe, die staatlichen und nichtstaatlichen Hilfsangebote miteinander zu koordinieren und für eine adäquate Verwaltung zu sorgen. Sie war insofern handlungsübergreifend angelegt und mit den verschiedenen sozialpolitischen Maßnahmen verbunden [...]. Und Sozialarbeit erhielt die Aufgabe, neu entstehende Probleme aufzufangen (Versorgung alleinstehender Alter und Kinder, Jugendarbeit, Wiedereingliederung Straffälliger)." (Neubert: 1986, S. 72).

Insgesamt läßt sich eine ambivalente Haltung der Kolonialpolitik (einschließlich der damit verbundenen Sozialpolitik) zu den traditionellen Strukturen feststellen: "Die sozialpolitischen Konzepte basierten auf der Erhaltung der Leistungsfähigkeit traditioneller Strukturen, die für den Kolonialstaat funktionalisiert werden sollten. Die ökonomischen Zielsetzungen wandten sich gegen traditionelle Strukturen, die als Fortschrittshemmnisse identifiziert wurden." (Neubert: 1986, S. 72, 73).

Die globale kolonialpolitische Orientierung erfolgte nicht an den spezifischen Problemen einzelner Kolonien und den Bedürfnissen der Bevölkerungsmehrheiten. Trotz anderslautender Erklärungen fand in der Kolonialpolitik kein völliger Bruch mit vorausgegangenen Einstellungen statt. Es dominierte weiterhin ein "Paternalismus", der den Afrikanern die Fähigkeit zur Selbstbestimmung absprach (vgl. zusammenfassend Neubert: 1986, S. 64-74).

Die langsame **Ausweitung der sozialen Dienstleistungen** wurde hauptsächlich durch die Kolonialregierung und deren Verwaltung betrieben. Neben diesen wurden auch Kirchen und Wohlfahrtsorganisationen aktiv. Die Missionen konnten ihre dominierende Stellung der Vergangenheit nicht wieder erreichen und beschränkten sich auf die Weiterführung bestehender Angebote (Schulen, Hospitäler) und auf weniger neue Maßnahmen (Erwachsenenbildung, Hygieneerziehung). Von großer Bedeutung waren hingegen die unabhängigen Kirchen:

"Die von ihnen betriebenen Schulen, die nach zeitweiligem Verbot wieder eröffnet wurden, trugen erheblich zum Ausbau des kenyanischen Bildungswesens bei. [...] Ihre wesentlichen sozialen Funktionen bestanden in der Herstellung sozialer Nähe außerhalb der traditionellen sozialen Strukturen, der Möglichkeit, für ihre Mitglieder eine neue Identität in einer eigenen "Zwischenkultur" als afrikanischer Christ zu finden und sich der kolonialen Zuschreibung als minderwertig oder den paternalistischen Gesten zu entziehen [...]. Das System der traditionellen Solidarität trug trotz der Übernahme von Wohlfahrtsleistungen durch ethnische Organisationen weiterhin die Hauptlast der sozialen Sicherung." (Neubert: 1986, S. 94).

2.3. Die Entwicklung Afrikas nach der Unabhängigkeit

2.3.1. Hoffnung auf Demokratisierung und Enttäuschung über bestehende Verhältnisse

Nach der Unabhängigkeit der afrikanischen Länder hatten die Menschen die **Hoffnung** auf Freiheit, Gerechtigkeit, eine Mehrparteien-Demokratie und auf Entwicklung. Diese Hoffnung erfüllte sich nicht und wandelte sich schnell in Enttäuschung und Hoffnungslosigkeit. Viele Führungseliten der afrikanischen Länder regieren weiterhin mit dem von den Kolonialmächten übernommenen Einparteiensystem.

Dies scheint mehrfach paradox und ironisch, da die meisten Kolonialmächte bereits während der Kolonialzeit in ihren Heimatländern Demokratien waren oder demokratische politische Strukturen pflegten, in den Kolonialgebieten jedoch mit Hilfe von Gouverneuren und Einparteiensystemen herrschten und jetzt nach der Unabhängigkeit der afrikanischen Länder demokratische Strukturen verlangen, obwohl sie die gewachsenen/etablierten afrikanischen Systeme mit zu verantworten haben. Die afrikanischen Eliten wiederum berufen sich auf das vorkoloniale Erbe und rechtfertigen damit ihre Hinwendung zum Einparteiensystem (vgl. Nuscheler: 1998, S. 23).

In den neunziger Jahren haben sich viele afrikanische Länder mit dem Thema *Demokratie im westlichen Sinne* beschäftigt. Insbesondere die Auflösung der Sowjetunion und der damit verbundene Ruf nach Demokratie in den ehemaligen Ostblockländern schickte ein Signal an die Diktaturen in Afrika. Einige afrikanische Länder wurden zur Zeit des Kalten Krieges entweder vom Ostblock oder vom Westblock militärisch, wirtschaftlich und politisch unterstützt. Nach dem Fall des Ostblocks haben die mit ihm verbundenen afrikanischen Staaten den Marxismus-Leninismus als Staatsideologie abgeschafft. Von der Seite der Industriestaaten wird nun zunehmend mit Druck auf den Aufbau demokratischer Strukturen in den Ländern Afrikas hingewirkt. Dies bot die **Hoffnung auf und Chancen für Demokratisierung** in Afrika am Anfang der neunziger Jahre (vgl. Michler: 1991, S. 509ff).

Demokratisierung meint dabei nicht nur die Einführung von Mehrparteiensystemen, sondern generell die Perspektiven für die Bevölkerung, z.B. hinsichtlich der Bereitstellung von Bildung, zu erhöhen und zu "demokratisieren", d.h. für jeden zugänglich zu machen.

Der jetzige Staatschef von Nigeria, General Olusegun Obasanjo, sagte auf einer Internationalen Fachkonferenz in Paris 1990 folgendes: "Wir stehen am Beginn einer neuen Ära in Afrika, einer Ära, in der Führer nicht länger die Meinungen und Stimmen ihrer Mitmenschen und deren Grundrechte ignorieren können" (Michler: 1991, S. 509ff).

Es ist wichtig, daß die Afrikaner die Probleme ihres Kontinents nicht immer nur den Europäern wegen der Kolonialgeschichte anlasten. Schuldzuweisungen an die Kolonialmächte, wie vor allem von afrikanischen Politikern und Intellektuellen geübt, reichen nicht aus (vgl. Nuscheler: 1996, S. 162). Die Afrikaner selbst müssen auch Verantwortung übernehmen. So äußerte sich der ehemalige Präsident von Nigeria, Ibrahim Babagida, während des Gipfeltreffens der Regierungschefs der Organisation für Afrikanische Einheit (OAU) in Addis Abeba (Äthiopien) 1990 wie folgt: "Unser Versagen ist in erster Linie das Versagen unserer Führungseliten. Wir haben unsere Mitbürger verwaltet, als ob das Ausland moralisch verpflichtet wäre, für ihren Unterhalt aufzukommen. Damit ist es heute zu Ende." (zitiert nach Ferdowsi: 1998, S. 10). Obwohl man diese Meinung als einzelne Meinung bezeichnen kann, ist es zwingend notwendig, über die Führungselite Afrikas intensiver nachzudenken.

Als konkreten Schritt in diese Richtung wurde in Arusha (Tansania) eine sogenannte "**Afrikanische Charta für Demokratie**" ins Leben gerufen und trat im Februar 1990 in Kraft. Mehr als 500 TeilnehmerInnen, darunter Vertreter nationaler Organisationen, Regierungen und Vertreter der UNO sowie Mitglieder westlicher Geldgeberländer und hoch angesehene Akademiker und Intellektuelle Afrikas waren anwesend.

In der neuen Charta für Demokratie ist zu lesen:

"Nur wenn die gesamte Bevölkerung aktiv, direkt mitbestimmend und selbst entscheidend in den Entwicklungs- und notwendigen Transformationsprozeß eingebunden wird, besteht die Chance, daß Afrika seinen ruinösen Niedergang in einen wirtschaftlichen Aufwärtstrend umkehren kann. "putting the people first" (Mensch und Bevölkerung ins Zentrum) wird zur Maxime aller künftigen Politik proklamiert" (Michler: 1991, S. 516)

Vier Grundelemente der Charta sind besonders hervorzuheben:

- Umfassende und direkte Demokratie ist ein Grundrecht des Volkes;
- Der Souverän ist das Volk: kollektive Machtausübung ist die Leitlinie zur Neuordnung der Gesellschaft;
- Dem Volk muß nicht nur politisch seine Macht zurückgeben werden, sondern auch ökonomisch; Einkommen muß sozial gerecht verteilt werden.
- Der Bevölkerung kommt das Recht und die Pflicht zu, auf allen Ebenen der Gesellschaft Druck auf die Regierenden auszuüben.

Auf der Gipfelkonferenz der Organisation für Afrikanische Einheit (OAU) im Juli 1990 wurde die Demokratie-Charta als eine neue - den "**Afrikanischen Alternativplan**" ergänzende - Entwicklungsstrategie angenommen (vgl. Michler: 1991, S. 516ff). Die von der OAU im Juli 1990 beschlossene Demokratie-Charta ist leider bis zum heutigen Tag noch nicht umgesetzt worden. Die politische, soziale und wirtschaftliche Lage in vielen Ländern zeigt weiterhin das Gegenteil: "Zehn Jahre nach dem Beginn der Demokratisierung steht Afrika noch immer am Anfang eines langes Prozesses. Die Grundlagen für eine demokratische Entwicklung sind in vielen Ländern gelegt, die Ausgestaltung wird aber noch sehr lange dauern. Immerhin ist eines heute schon erkennbar: Es sind nicht die Staaten mit den Mehrparteiensystemen - und seien sie noch so formal und halbdemokratisch-, die heute die Krisengebiete Afrikas ausmachen. Bürgerkriege und ethnische Gewalt haben sich hauptsächlich da etabliert, wo autoritäre Regime sich dem Wandel verweigern: Im Zaire, in Ruanda und Burundi, in Liberia und Sierra Leone. [...] Der Weg vom kolonialen Kommandostaat ohne minimale Beteiligung der unterworfenen Subjekte über die Einparteienregime mit ihren gottgleichen Autokraten zu einem demokratischen-pluralistischen System ist lang und mühsam." (FES: 1999, S. 23).

D.h. ein nicht unerheblicher Teil der afrikanischen Bevölkerungen werden weiterhin von Einparteiensystemen und diktatorischen Regimes regiert. Korruption und Bestechung gehören zum Alltag. Militärputsche sind neben den geschilderten Gründen Ursachen für Bürgerkriege und Kriege gegen Nachbarländer, wie in mehreren afrikanischen Staaten zu beobachten ist.

Diese Militärregimes bzw. -regierungen bedeuten für viele Bewohner Afrikas in den meisten Fällen Unterdrückung und Menschenrechtsverletzungen, aber auch Bürgerkrieg. Warum das Militär immer wieder in mehreren Ländern des sogenannten "Schwarzen Kontinents" oder in der Dritten Welt insgesamt die Macht ergreifen konnte oder will, hat verschiedene Gründe (vgl. Büttner: 1995,S. 58ff).

In Ländern wie Nigeria und dem Sudan begründete das Militär seinen militärischen Putsch mit der Bewahrung der nationalen Einheit, die von Bürgerkrieg oder ähnlichen Problemen bedroht sei. Hinzu kommt die Unzufriedenheit der Armee mit ihrer Ausstattung. Außerdem spielt die wirtschaftliche, politische und soziale Neigung/Lage der Offiziere eine Rolle (vgl. Büttner: 1995, S. 58ff).

In Ländern wie dem Sudan ist das Militär sehr politisiert. Die meisten der Offiziere in der sudanesischen Armee kommen aus traditionellen islamischen Parteien. Sie sorgten dafür, daß niemand außerhalb des Mahadi- und Maghania - Familienkreises oder der islamischen Brüderschaft an die Macht kamen. Diese Gewohnheit, andere vom Machtzentrum fernzuhalten, gehört zu den Ursachen der Krisen in vielen Staaten Afrikas. Dabei greifen Machtinhaber häufig zu Gewalt, um Probleme zu lösen.

In einigen Staaten wurden mit zunehmendem Druck mehrere Parteien zugelassen und ansatzweise demokratische Strukturen geschaffen. Insgesamt ist jedoch auch für diese Staaten häufig das Fazit zu ziehen, dass die alltägliche Verweigerung von Grundrechten durch Staatsapparate und Ordnungskräfte noch nirgendwo wirklich aufgehoben wurde (vgl. FES: 1999, S. 23). Die für eine lebendige Demokratie notwendigen Institutionen wie ein eigenständiges, politisch eigenverantwortliches Parlament, inner- und außerparlamentarische Opposition, Institutionen der Gewaltenteilung und der öffentlichen Kontrolle wie unabhängige professionelle Medien und Menschenrechtsgruppen sind häufig noch nicht in der Lage, ihrer Rolle gerecht zu werden. Die neuen Parteien leiden unter organisatorischen, programmatischen und medialen Schwächen und schaffen es häufig kaum in kommunale oder übergeordnete politische Institutionen (vgl. FES: 1999, S. 25).

Zu den Ursachen der heutigen sozialen, wirtschaftlichen und politischen Misere Afrikas gehören vor allem

- Armut
- Repressionen und
- Militarisierung des Kontinents.

Diese drei Faktoren schaffen einen fast unlösbaren Kreis von Problemen, die wie folgt umschrieben werden können:

1. Import von Waffen und Luxusgütern aus dem Ausland,
2. Mangel an Devisen,
3. Auslandskredite und Exportsteigerung,
4. Verringerung der inländischen Nahrungsmittelproduktion,
5. Verelendung der Bevölkerung,
6. Unruhen und Revolten,
7. Ausbau des Polizei- und Sicherheitsapparates, Repression und Kooptation (vgl. Nuscheler: 1996, S. 347).

Die Frage, welche Demokratie man in Afrika braucht, scheint angesichts der instabilen wirtschaftlichen, sozialen und politischen Lage nicht einfach zu diskutieren. Afrika ist von großen Problemen bedroht. Einige Politik- und Wirtschaftswissenschaftler benutzen Begriffe wie "Ein Kontinent im Chaos" oder "Afrika als verlorener Kontinent" (vgl. Molt: 1995, S. 24).

Diese drastischen Begriffe sollen verdeutlichen, daß Afrika nicht nur große Probleme hat, sondern daß es um das Überleben des Kontinents geht! Die wirtschaftlichen Wachstumsraten lagen im Jahr 1995 mit ca. 1,5 Prozent zu niedrig. Dafür ist die Armut hoch und nimmt jährlich zu. Im Zeitraum zwischen 1960 und 1980 erhöhte sich die Zahl der Armen in der Welt von 18 auf 24 Millionen Menschen. Der größte Teil davon befand sich in der Dritten Welt (vgl. Spangenberg: 1991, S. 54ff; vgl. Nuscheler: 1996, S. 346).

Die Zahl von Bürgerkriegen und Staatskriegen liegt in Afrika so hoch wie nirgendwo anders auf der Erde. Die Zahlen der Betroffenen oder Opfer und Heimatlosen sowie der Flüchtlinge haben vorstellbare Grenzen überschritten. Für die internationale Gemeinschaft wird es fast unmöglich, überall wo benötigt humanitäre Hilfe zu leisten. Hunger in Ruanda, Äthiopien und Sudan, schreckliche Bilder aus Liberia und Sierra Leone, wo soll man anfangen zu helfen? (vgl. Bayer: 1995, S. 17ff).

Ein weiterer nicht zu vernachlässigender Teil der wirtschaftlichen Probleme afrikanischer Länder steht in engem Zusammenhang mit ihrer **hohen Verschuldung**. Diese Verschuldung der meisten afrikanischen Länder schafft nicht nur Abhängigkeit von den Gläubigern, sondern verursacht politische, soziale und ökonomische Krisen. Damit sind jegliche Entwicklungsversuche Afrikas erst einmal blockiert. 1994 lagen die Auslandsschulden der 46 Länder Afrikas bei 183 Milliarden amerikanischen Dollars. Es wird davon ausgegangen, daß diese Zahl sich nicht vermindern, sondern erheblich steigen wird. Das bedeutet, daß diese Länder für längere Zeit ihre Schulden nicht zurückzuzahlen können (vgl. Muyemba: 1996, S. 19).

Circa drei Viertel der afrikanischen Länder sind vom finanziellen Ruin bedroht. Die Exportgüter Afrikas sind seit langem sowohl handelspolitisch als auch finanziell in eine Sackgasse geraten (vgl. Kreile: 1997, S. 14ff). Damit verschlechtern sich die Lebensbedingungen der meisten Menschen Tag für Tag.

Aufgrund dieser Hochverschuldung in den Entwicklungsländern wurde eine weltweite Kampagne unter dem Motto "**Erlaßjahr 2000**" gestartet. Diese hatte das Ziel, den verschuldeten Ländern nach dem Vorbild des Londoner Schuldenabkommens von 1953 ihre Schulden zu erlassen. 1953 wurde Deutschland gemäß dem Londoner Abkommen entschuldet und gilt deshalb als Beispiel. In Deutschland beteiligten sich an der "Erlassjahr 2000"-Kampagne circa 45 Gruppen und Organisationen. Diese Kampagne fordert den Schuldenerlaß für arme Länder im Süden und nicht nur für die sehr hoch verschuldeten ärmsten Länder im Süden. Während der Zeit der Kampagne galten 36 Länder als hochverschuldete arme Länder. Bis zum Ende des Jahres 2000 wurde festgestellt, daß elf Länder von dem Schuldenerlaß profitieren können (vgl. Evang. Missionswerk Deutschland: 2001, (1), S. 25).

Ein weiteres großes Problem im Zusammenhang mit der schlechten wirtschaftlichen Situation Afrikas faßt man unter dem Stichwort "**Brain-Drain**" zusammen. Mit Brain-Drain wird die Abwanderung von Fachkräften und Ausbildungspersonal aus der Dritten Welt bezeichnet. Nach der Einschätzung der Wissenschafts- und Erziehungsorganisation der Vereinten Nation (UNESCO) verfügen Entwicklungsländer über 13 Prozent der Wissenschaftler und Ingenieure. Circa 95 Prozent aller Patente befinden sich in den Industrienationen. Vom Rest sind vier Fünftel in den Händen von Ausländern in den Dritte-Welt-Ländern. Zwischen 1960 und 1972 wanderten über 230.000 qualifizierte Wissenschaftler und Techniker in die USA, nach Kanada und nach Großbritannien aus. Nach Europa wanderten circa 115.000 Fachleute ein. Ursachen der Auswanderung sind unter anderem die wirtschaftliche, soziale und politische sowie technologische Lage der Herkunftsländer dieser Fachleute. Ein höherer Lebensstandard und bessere Arbeitsbedingungen in 47 den Industriestaaten ziehen an. Die im Süden gebliebenen Fachkräfte oder Wissenschaftler sind daher häufig überlastet und kaum in der Lage, notwendige Aufgaben wie Forschung und eigene Fortbildung zu realisieren. Andererseits gibt es nur wenige Finanzmittel für Forschung und Lehre, so daß es nicht möglich ist, Forschungseinrichtungen wie Bibliotheken, Laboratorien, Zeitschriftensammlungen etc. adäquat auszustatten.

Brain-Drain findet aber nicht nur in Richtung der Industriestaaten statt, sondern auch innerhalb des Südens ("Süd-Süd-Brain-Drain") (vgl. Spangenberg: 1991, S. 50-53).

Vom Prinzip her ist es keine schlechte Sache, daß Menschen die Möglichkeit haben, in anderen Ländern zu arbeiten und Erfahrungen zu sammeln. Es wird allerdings zum Problem, wenn kein Austausch stattfindet und von Abwanderung betroffenen Ländern Fachkräfte nicht mehr im ausreichenden Maß zur Verfügung stehen, weil sie woanders besser bezahlt werden. Das kann die gesamte Entwicklung des Landes in Frage stellen.

Einige Industrieländer wie z.B. die Bundesrepublik Deutschland versuchen deshalb im Rahmen der Zusammenarbeit in der Entwicklungshilfe, einen Beitrag zu leisten, um den Mangel an qualifizierten Fachkräften in den Entwicklungsländern zu beseitigen. Durch das BMZ (Bundesministerium für wirtschaftliche Zusammenarbeit) sollen Angehörige der Entwicklungsländer erstens im Bereich Bildung (Aus- und Fortbildung) gefördert werden und zweitens die in Deutschland ausgebildeten Fachkräfte der Dritten Welt bei ihrer Rückkehr unterstützt werden. Drittens können deutsche Fachkräfte je nach Bedarf in die Entwicklungsländer entsandt oder vermittelt werden (vgl. Bellers: 1998, S. 29-30).

Dies erscheint mir angesichts der Schwierigkeiten einer Entwicklung von Fachkräften in der Dritten Welt eine erfolgversprechende und angemessene Maßnahme. D.h. natürlich nicht, daß man Fachkräften aus der Dritten Welt untersagen soll, in den Industrieländern zu arbeiten.

Alfred Bayer hat in seinem Beitrag nicht zu Unrecht festgestellt, daß die Probleme der sogenannten Dritten Welt in ihr selbst zu suchen sind (Bayer in: Friedl: 1995, S. 17). Mathuri Houngniko sieht ebenfalls die Verantwortung für die herrschende Misere bei den politischen Kräften in Afrika und schrieb: "As painful as it is to say it, African leadership is the main problem of the continent. It is the failure of African rulers, African governments, African governance institutions that account for the emergence of first, political decay, then socio-political instability, followed by social fragmentation, and finally political disorders in contemporary Africa." (Houngniko: 2000, S. 7-8).

Für die Lösung der heutigen Probleme Afrikas ist es notwendig, daß sich die politischen Führer und Eliten Afrikas an der Rettung des Kontinents maßgeblich beteiligen. Sie müssen den von ihnen praktizierten willkürlichen Machtgebrauch und Ausübung wie Korruption und Selbstbereicherung beenden (vgl. Molt: 1995, S. 39).

Der amtierende Präsident von Nigeria, General Olusegun Obasanjo beantwortete 1993 die Frage, ob die Probleme Afrikas nach fast 50 Jahren der Unabhängigkeit immer noch an die Kolonialmächte zurückgeschoben werden sollen: "Wir haben uns viel zu lange auf solche Sündenböcke wie "Kolonialismus und Neokolonialismus" herausgeredet. Afrikas Krise und Afrikas Not sind aber zuerst von uns selber verursacht. Wird dies nicht erkannt und eingestanden und zum Hauptstoß der Neubesinnung, dürfte sich die gesamte afrikanische Krise rasch zu einer gesamtafrikanischen Katastrophe auswachsen." (Gepperth: 1995, S. 62ff).

Es ist deshalb meiner Meinung nach dringend erforderlich, die für den Aufbau einer Demokratie notwendigen Vorbedingungen, die ich als "Vordemokratie" bezeichnen möchte, in Afrika erst einmal zu schaffen. Diese Vordemokratie muß unter anderem folgendes enthalten:

(1) Wirkliche Achtung der Menschenrechte in allen Bereichen wie z.B. in der Bildung, Arbeit usw. Ohne Menschenrechte gibt es keine Zukunft für Afrika! Nach meiner Auffassung ist Menschenrecht gleich Frieden. Der ehemalige Deutsche Bundeskanzler Willy Brandt hat zu Recht gesagt: "Ohne Frieden ist alles nichts" (vgl. Tröscher: 1998, S. 40).

(2) Stop der Verschwendung von Ressourcen;

(3) Reduzierung der sinnlosen hohen militärischen Ausgaben;

(4) Unwirtschaftliche öffentliche Unternehmen müssen zu wirtschaftlichen Unternehmen umgestellt werden.

(5) Die Schaffung von Prestigeobjekten durch die Führungselite muß gestoppt werden.

(6) Die zur Tradition gewordene Korruption und Kapitalflucht muß gestoppt werden.

(7) Beteiligung der Bürger oder Zivilgesellschaft am Aufbau von demokratischen, wirtschaftlichen und sozialen Strukturen (vgl. Bayer: 1995, S. 17ff).

Auch im vorkolonialen Afrika war die Menschenwürde ein zentraler afrikanischer Wert. Um Demokratie und die Achtung der Menschenrechte zu sichern, ist politische Stabilität unverzichtbar. Sie ist die wichtige Voraussetzung für eine marktwirtschaftlich und sozial orientierte Wirtschaftsordnung und Verwaltung, wirtschaftliches Wachstum, soziale Ausgewogenheit und eine wirksame Armutsbekämpfung. Mit der Schaffung einer Rechtstaatlichkeit und von Rechtssicherheitsstrukturen auf der Basis bzw. nach dem Maßstab des internationalen Grundrechtes, von der die Mehrheit der Gesellschaft profitiert, wären wesentliche Vorbedingungen für demokratische Strukturen oder Demokratie in Afrika erfüllt (vgl. Bayer: 1995, S. 17ff; Diarra: 1991, S. 11ff).

Die jetzige Lage in Afrika ist gefährlich. Alle Versuche einer Realisierung von mehr Entwicklung werden meiner Meinung nach scheitern, wenn die vordemokratischen Strukturen nicht geschaffen sind.

Das Beispiel von Botswana belegt eine eindrucksvolle Entwicklung:
Das Land Botswana erhielt seine Unabhängigkeit am 30.09.1966. Seitdem haben sich die Verantwortlichen im Land auf den Aufbau von wirtschaftlichen und sozialen Strukturen mit einem beispiellosen Erfolg konzentriert. Hierbei geht es um Programme zum Aufbau der Zivilgesellschaft, die in englischer Sprache als "the community development programme in Botswana" bezeichnet werden.

Bis zum Jahr 1995 hatten 89 Prozent der Bevölkerung Zugang zu Gesundheitsdiensten. 100 Prozent der Mädchen und 94 Prozent der Jungen besuchten die Grundschule, davon schlossen 89 Prozent die Schule erfolgreich ab. Botswana verfügt über die beste Impfungsebene in der Region und überholte damit Südafrika. Botswana hat weniger als 2 Millionen Einwohner, vier Fünftel davon leben auf dem Land. Die wirtschaftlichen und sozialen Entwicklungen in Botswana gehen gut voran, so daß das Land nicht mehr als "Entwicklungs- oder Drittes-Welt-Land" bezeichnet werden soll.

Ferguson-Brown stellte fest: "Botswana is now progressing to a point where it may leave its "developing" or "Third World" status behind." (Ferguson-Brown: 1995, S. 201-202). Der Erfolg Botswanas ist ein seltenes Beispiel. In vielen Ländern der Welt entstehen die Erfolge in der Regel durch Urbanisierung und Industrialisierung und nicht wie in Botswana durch die gute Entwicklung auf dem Land. Weitere Gründe für den Erfolg von Botswana sind die stabile, demokratisch gewählte Regierung, wenig Korruption und eine gute, d.h. zur Lösung von Problemen fähige Führungselite. Und nicht zuletzt ermöglichten dies der gute Ausbildungsstandard und die Hilfe durch die Internationale Gemeinschaft sowie gute Investitionsbedingungen, die Investoren in das Land lockten. Wichtig ist, daß beim oben genannten "community development programme" die Zivilgesellschaft sehr stark von Anfang an und auf allen Ebenen (Planung, Entscheidung und Durchführung) beteiligt war. Außerdem ist es der Regierung gelungen, den Eindruck zu vermitteln, daß sie Gerechtigkeit, Gleichheit und ein Sozialsystem für alle Bürger schaffen will. Das ist nach Ansicht von Ferguson-Brown ein wichtiger Motor für die soziale Entwicklung eines Landes (vgl. Ferguson-Brown: 1995, S. 201-203).

Die UNO empfahl auf ihrer Konferenz 1968 den Entwicklungsländern, neben der Betätigung in den Bereichen Gesundheitsvorsorge, soziale Dienste, Bildung und Weiterbildung, Wohnungsbau, Kultur und Religion sich auch auf die Förderung von guten Beziehungen zwischen den Menschen und die Entwicklung guter Führungsqualitäten und organisatorischer Fähigkeiten zu konzentrieren (vgl. Ferguson-Brown: 1995, S. 202).

2.3.2 Welche Hilfe braucht Afrika zum Aufbau demokratischer Strukturen?

Afrika braucht Freiheit von innen (von korrupten Eliten und diktatorischen Regierungen) und wirtschaftliche sowie technologische Unterstützung von außen (z.B. von Europa).

Thomas Pakenham merkte in seinem Buch "The Scramble for Africa" an, dass Afrika in seinen jetzigen Unruhen und Krisen nichts anderes als Hilfe in Form von Ideen oder Wissen braucht. Ich zitiere ihn: "[...] no help is more appropriate to Africa at this juncture of historic change than the power of ideas." (Pakenham: 1991, S. XII).

Außer durch den angekündigten Schuldenerlaß versuchten die sogenannten entwickelten Länder, darunter Deutschland, die Entwicklungsländer mit Investitionen in Höhe von Milliarden US-Dollar zu unterstützen (**Entwicklungshilfe**). Leider lassen sich bisher nur wenige positive Ergebnisse feststellen (vgl. Sangmeister: 1997, S. 3ff).

Was ist eigentlich eine Entwicklung? Als Entwicklung wird die Veränderung eines gesellschaftlichen Zustandes oder Staates von einem Ausgangszustand (A) in einen anderen Zustand (B) unter Betrachtung politischer, wirtschaftlicher und sozialer Aspekte. Der Ausgangszustand A wird gesellschaftlich als negativ betrachtet und muß deshalb verändert werden. An vorangegangener Stelle habe ich bereits die soziale Ausgangssituation Afrika geschildert. Afrika braucht politische, wirtschaftliche/ökonomische, soziale und kulturelle Hilfe oder Unterstützung. Die politische Stabilität ist dabei aus meiner Sicht notwendig, um wirtschaftliche, soziale und kulturelle Entwicklungen zu ermöglichen (vgl. Bellers: 1998, S. 44).

Einige Länder Europas wie z.b. die Bundesrepublik Deutschland leisten schon seit Jahren Entwicklungshilfe für Afrika in Form von humanitärer und technischer Hilfe. Grundgedanke der Entwicklungshilfe war es, technische Fähigkeiten und Ausrüstung zu vermitteln. Die Empfängerländer sollen mit der notwendigen Ausrüstung und der Vermittlung von entsprechenden Kenntnissen in die Lage versetzt werden, ihren Zustand selbst positiv zu verändern, d.h. sich zu entwickeln.

In einigen Ländern der Dritten Welt gelang es unter anderem, die Wachstumsraten des Bruttosozialprodukts zu erhöhen und die Analphabetenquote zu senken. Dennoch nimmt trotz Entwicklungshilfe die Zahl der absolut Armen weiter zu. Insgesamt wurden die Ziele der Entwicklungshilfe nicht erreicht (vgl. Bellers: 1998, S. 45; Menzel: 1992, S. 204).

Seit dem Wegfall des Ost-West-Konfliktes hat das Interesse der Industrienationen an wirtschaftlicher Zusammenarbeit und Entwicklungshilfe mit der "Dritten Welt" und vor allem mit Afrika drastisch abgenommen. Afrika als von Natur aus reicher Kontinent spielt in der Weltwirtschaft nach Beendigung des Ost-West-Konfliktes fast keine Rolle mehr. Diese Abnahme des europäischen und amerikanischen Interesses wird mit inneren sozialen und wirtschaftlichen Problemen der Industrienationen wie z.B. Umweltfragen, Klimaveränderung, Migration, Arbeitslosigkeit und Bevölkerungsentwicklung begründet. Darüber hinaus ist ein verstärktes Interesse der Industrienationen an Osteuropa und den damit verbundenen Fragen einer Osterweiterung Europas festzustellen (vgl. Bayer: 1995, S. 17ff).

Die Frage, ob Entwicklungshilfe noch zeitgemäß ist, wird immer lauter angesichts der traurigen Bilanz von Dauer und Intensität der geleisteten Hilfen und ihren Ergebnissen. Bis 1997 brachte allein Deutschland mehr als 200 Milliarden DM in verschiedene Projekte der Entwicklungszusammenarbeit ein. Pro Jahr leistete die Bundesregierung ca. 10 Milliarden DM. Seit den neunziger Jahren wird deutsche Hilfe nur noch im Rahmen der sogenannten "Spranger-Kriterien" vergeben. Carl- Dieter Spranger (CSU) war in den neunziger Jahren in der BRD Bundesminister für Wirtschaftliche Zusammenarbeit und Entwicklung. Unter seiner Führung wurden Kriterien entwickelt, die die Empfängerländer erfüllen müssen, um Entwicklungshilfe zu erhalten.

Damit soll sicher gestellt werden, daß von der Hilfe nur diejenigen Länder profitieren, die u.a. die Menschenrechte und Demokratie respektieren, rechtsstaatliche Strukturen schaffen oder betreiben und eine stärkere Beteiligung der Bevölkerung an politischen und wirtschaftlichen Entscheidungen fördern.

Als weitere Vergabekriterien sind der entwicklungsorientierte staatliche Handel in den Empfängerländern vorgesehen und eine Liberalisierung der Wirtschaftspolitik sowie die Förderung von privatwirtschaftlichen Unternehmen vorgeschrieben (vgl. Sangmeister: 1997, S. 3ff).

Mit innenpolitischen Veränderungen in der BRD änderten sich auch die Vergabekriterien für die Entwicklungszusammenarbeit. Bündnis 90/Die Grünen forderten in den letzten Jahren folgende Reform der Entwicklungszusammenarbeit:

- weltweite Schaffung menschenwürdiger Lebensbedingungen;
- Wahrung und Durchsetzung der Menschenrechte im umfassenden Sinne;
- Umsetzung eines ökologisch und sozial verträglichen Wirtschaftens und Handelns in europäischen Ländern. Entwicklungspolitik soll in diesem Sinne zu einer auf Dauer ökologisch und wirtschaftlich nachhaltigen, demokratischen und friedlichen Entwicklung beitragen.
- Förderung von Demokratie und Menschenrechten durch den Aufbau und die Stärkung zivilgesellschaftlicher Strukturen; Sicherung der individuellen und kollektiven Rechte der indigenen Völker; Konsistente Menschenrechtspolitik in allen Politikfeldern (vgl. Eid: 1998, S. 71ff).

Der Erfolg oder das Scheitern der Entwicklungshilfe hängt von mehreren Faktoren ab. Einer davon ist, daß die Verfassung der Menschen in Afrika und ihren Staaten es kaum erlaubt, langfristige Entwicklung voranzutreiben. Die Entwicklung kann jedoch nicht nur von der Führungselite allein erdacht werden. Die Bürger müssen bei der Konzeption und Entwicklung von Strategien grundlegend beteiligt werden. Nur so haben Entwicklungsprojekte bessere Chancen auf Erfolg als bisher (vgl. Kum'a Ndumbe: 2000, 9-10).

Bisher werden die Betroffenen bei der Planung und Durchführung der Projekte von den Geldgeberländern in der Regel wenig beteiligt. Mißerfolge für die Entwicklungskooperation sind dann auf Fehleinschätzungen der ökonomischen, sozialen und politischen Situation durch die Projektplaner zurückzuführen. Die Übertragung eigener Planungsmethoden oder Planungsverfahren, die Vernachlässigung des sozio-kulturellen Umfeldes oder dessen Bedingungen sowie fehlende Berücksichtigung ökonomischer Konsequenzen der durchzuführenden oder durchgeführten Maßnahmen seitens der Geldgeber sind die häufigsten Fehler. Hinzu kommt die oft ungenügende Kommunikationsfähigkeit zwischen Geber- und Empfängerländern.

Obwohl einige Projekte der Entwicklungszusammenarbeit aus verschiedenen Gründen gescheitert sind, haben Geldgeberländer wie die Bundesrepublik Deutschland einen guten Ruf in der Entwicklungszusammenarbeit (vgl. Sangmeister: 1997, S. 3ff). Der Ruf Deutschlands in Sachen Entwicklungszusammenarbeit ist darauf zurückzuführen, daß die Bundesrepublik zu den Geldgeberländern gehörten, die erfolgreiche Entwicklungshilfeprojekte durchführten.

Aus meiner Sicht ist dringend notwendig, daß sich die europäischen Staaten und die USA ihrer Verantwortung bewußt werden und ihren Beitrag für die Entwicklung Afrikas leisten. Dies kann meines Erachtens durch Entwicklungszusammenarbeit geschehen, wenn sie die bereits erwähnte demokratische, friedliche, okölogisch und wirtschaftlich nachhaltige Entwicklung auf Dauer fördert. Insbesondere die demokratische Entwicklung der afrikanischen Staaten spielt dabei eine große Rolle. Afrika kann keine Ausnahme hinsichtlich der demokratischen Kultur der Welt darstellen. Wie die

Einzelheiten der demokratischen Systeme aussehen sollen, muß jedoch mit Blick auf die verschiedenen Gruppierungen des jeweiligen Landes und seiner Leute vereinbart werden. Bereits bestehende traditionelle Einrichtungen bzw. Elemente demokratischer Entscheidungsfindungen müssen einbezogen werden.

Äthiopien z.b. hat dies erkannt und in ihrer neuen Verfassung von 1994 den traditionellen Rechtsformen Spielräume innerhalb eines modernen Rechtssystems eingeräumt. "Gerade auf der untersten Ebene, den Dörfern und Landkreisen, arbeiten die ernannten Richter sehr eng mit den Ältestenräten zusammen." (FES: 1999, S. 24). Die ernannten Richter einer Region, häufig selbst Stammesführer, Dorfälteste oder junge Leute, die das Vertrauen ihres Stammes genießen, wurden in einem dreimonatigen Intensivkurs mit den Feinheiten der Gesetze des Landes vertraut gemacht. Daneben sollen wichtige Gesetze (Zivil-, Handels- und Strafgesetzbuch) ins Somalische übersetzt und gedruckt werden, da die meisten Richter die amharische Sprache, in der die Gesetze geschrieben sind, nicht beherrschen. So soll neben einer funktionierenden Administration ein Gerichtswesen etabliert werden, das den Erfordernissen der neuen Zeit gerecht wird (vgl. FES: 1999, S. 24). Dieser Prozeß des Aufbaus demokratischer Strukturen in Äthiopien wurde im Rahmen der Entwicklungszusammenarbeit u.a. von der Friedrich- Ebert- Stiftung in der BRD begleitet (vgl. FES: 1999, S. 24).

In diesem Sinne geht es bei der Demokratisierung Afrikas nicht allein um die Zulassung von Parteien und die Durchführung von Wahlen auf dem Kontinent, sondern vielmehr um die Schaffung einer demokratischen politischen Kultur und von politischen Systemen, die auf der Grundlage der Gerechtigkeit und des Respekts der Menschenrechte basieren. Durch eine Zusammenarbeit, die Afrika von den Erfahrungen anderer Länder mit dem Aufbau demokratischer politischer Strukturen profitieren läßt, können aus meiner Sicht die Voraussetzungen für Entwicklung der afrikanischen Länder geschaffen werden.

2.3.3. Globalisierung - ein Unglück für Afrika

Für den Begriff Globalisierung gibt es bisher keine eindeutige Definition. Der Begriff kann nur im Zusammenhang erklärt werden, z.b. in Bezug auf internationale Märkte, Wirtschaft und Arbeitsteilung, politische sowie militärische Ordnungen, Kultur und Zivilisation (vgl. Akin Aina: 1997, S. 10).

Globalisierung bringt zahlreiche radikale Veränderungen im Leben, auf dem Arbeitsmarkt und im Handel wie die Vernetzung der Märkte, Wachstum des Dienstleistungsbereiches, politisch kaum noch zu kontrollierende Finanz- und Kapitalströme und Neuerungen in der Kommunikationstechnologie (Entwicklung des Internets und e-Commerce); (vgl. Zimmermann: 2000, S. 71-73; Lamborghini: 2000, S. 93).

In den letzten Jahren hat man feststellen können, daß es in Zeiten der Globalisierung **Gewinner** und **Verlierer** gibt. Zu den Gewinnern gehören unter anderen die transnationalen Banken und die transnational agierenden Unternehmen. Sie sind in der Lage, weltweit die günstigsten Anlage- und Kreditmöglichkeiten zu nutzen.

Zu den Verlierern der Globalisierung zählt die Mehrheit der Arbeitnehmer nicht nur in den Entwicklungsländern, sondern auch in den Industrienationen. So sind international hohe Arbeitslosenquoten insbesondere bei unqualifizierten und schlecht qualifizierten Arbeitnehmern zu verzeichnen (vgl. Lafontaine/Müller: 1998, S. 31-37). Das ist darauf zurückzuführen, daß die Dienstleistungsbereiche Mitarbeiter mit hohen fachlichen, sozialen und kulturellen Kompetenzen, Qualifikationen in der Informationstechnologie und Sprachkenntnissen benötigen und viele der "klassischen Arbeitsplätze" in traditionellen Wirtschaftszweigen umgebaut und angepaßt werden oder ersatzlos verloren gehen.

In der Zeit der Globalisierung ist aus ökonomischer Sicht die Befähigung der Menschen durch **Ausbildung** und **Bildung**, d.h. die Entwicklung des Human- Kapitals, für die Wachstumsmöglichkeiten eines Landes bedeutsam. Sie ist eine globale Aufgabe, die auf nationaler und internationaler Ebene bewältigt werden muß. Im Zusammenhang mit dem Abbau der Arbeitsplätze im Rahmen der Umstrukturierungen sind innovative Konzepte der Politik gefragt, um nicht einen großen Teil der Bevölkerung dauerhaft von Bildung, Arbeit und damit verbundener gesellschaftlicher Teilhabe auszuschließen. Die Anpassung der Rechtssysteme auf nationaler und internationaler Ebene ("Harmonisierung") ist erforderlich, da die einzelnen Nationalstaaten nur noch bedingt auf die Globalisierungsprozesse Einfluß nehmen können.

Autoren der Wirtschafts-, Sozial- und Politikwissenschaften vor allem in den westlichen Ländern (wie Europa und den USA) weisen darauf hin, daß die **Globalisierung für Afrika** keine oder nur eine geringe positive Entwicklung erwarten läßt, sondern eher **negative Folgen** haben wird.

Einerseits ist zu bedenken, dass sich der Kontinent bisher noch nicht von den Auswirkungen/Folgen des Kolonialismus erholt hat. So "[...] wird begründet, daß entweder die koloniale Ausbeutung zu massiven Einkommenstransfer geführt habe, der eigenständiges Wachstum blockiere, oder daß die Implantierung der Kolonialen Ökonomie strukturelle Deformationen verursacht habe, die sich bis heute als unauflöslich erweisen." (Menzel: 1992, S. 50-51).

Andererseits wird vielfältiges Versagen der afrikanischen Elite, vor allem der Verantwortlichen in Politik und Wirtschaft, ein demokratisches System und Kultur auf der Grundlage der Menschenrechte herbeizuführen, beklagt, ebenso wie das bisherige Versagen der internationalen Gemeinschaft, Afrika aus der Tragödie zu helfen.

Tetzlaff faßt die Ausgangssituation des afrikanischen Kontinents im Zeitalter der Globalisierung mit folgenden Schlagworten zusammen:

"[...]

- Die fachliche Inkompetenz und exekutive Schwäche der öffentlichen Institutionen (Staaten) zur Förderung von Entwicklung, zur Integration von Gesellschaft, zur Aufrechterhaltung von rechtsstaatlicher Ordnung ("capacity-building");

- Die zunehmende Ressourcenverknappung (bebaubares Land, Weideland, Süßwasser, Primärwald, Bodenschätze) als Indikator und Ursache für zunehmende Verarmung;
- Relativ oder absolut abnehmende Handelseinkommen aufgrund ungünstiger externer, weltmarktbedingter Faktoren bei steigendem Konsumbedürfnis der Eliten nach Importgütern (negative Handelsbilanz);
- Das ungestüme Bevölkerungswachstum im Verhältnis zu den Möglichkeiten der Ernährung der Bevölkerung aus eigener Produktion (die sogenannte relative Überbevölkerung);
- "bad governance" auf Seiten der Regierung und der Verwaltung: Korruption der Beamten, Ineffizienz der Ressourcenallokation, mangelhafte Haushaltsdisziplin, Überschuldung des Staates etc. (Problematik des "soft state");
- Mangelhafte friedliche Integrationsmechanismen der Gesellschaft: das Fehlen einer Markt- und Werteintegrierten überethnischen "civil society" als Partner und Korrektiv eines autoritären Staates (Gemeinschaftsbildung);
- Das Fehlen der Unterordnung der Gewaltspezialisten (der Militärs) unter den Primat der zivilen Gesellschaft, die politischen Konflikte um Macht, Reichtum und kulturelle Identität von Minderheiten nicht mit militärischer Gewalt, sondern konsensual mittels verhandelter Kompromisse auf Grundlage einer rechtsstaatlichen Verfassung bearbeitet (Demokratiefähigkeit)." (Tetzlaff: 1999, S. 547).

Diese Ausgangssituation, d.h. ein Mangel an zuverlässiger und verantwortlicher Regierung, Strukturfähigkeit und Rechtsstaatlichkeit schafft ein politisches, soziales und wirtschaftliches Klima, in dem nur wenige Unternehmen bereit sind zu investieren. (vgl. Tetzlaff: 1999, S. 547).

Hinzu kommt, dass sich die Ausgangslage von Afrika in der Weltpolitik verändert hat: nach Beendigung des Kalten Krieges verlor Afrika seine strategische Bedeutung als "Joker" innerhalb dieses Konfliktes, die Weltgemeinschaft widmet sich verstärkt der Förderung Osteuropas (im Rahmen der

Osterweiterung Europas), es besteht im Vergleich zu den sechziger Jahren weltweit weniger Bedarf an afrikanischen Rohstoffen und Afrika sind innerhalb der "Dritten Welt" Konkurrenten wie z.b. Brasilien, Hongkong, Taiwan, China und Indien gewachsen (vgl. Kabou: 1995, S. 13, 94, 175).

Kabou hält dazu fest: "Die Gründe, die für Entwicklungshilfe für die Dritte Welt sprachen, haben erheblich abgenommen, seit auf der internationalen Szene eine kreative Dritte Welt ohne Komplexe mit frappierenden Handelserfolgen aufgetaucht ist." (Kabou: 1995, S. 94).

In diesem Zusammenhang werden folgende Fragen aufgeworfen:

1. Ist Afrika insgesamt überhaupt dazu in der Lage, seine Struktur so zu wandeln, dass die Prozesse der Globalisierung (positiv) verarbeitet werden können?

2. Welche Maßnahmen ergriffen die afrikanischen Länder bisher im Zusammenhang mit der Herausforderung der Globalisierung?

Insgesamt läßt sich zunächst feststellen, dass sich der afrikanische Kontinent im Vergleich zu den anderen Kontinenten aufgrund seiner schlechten Ausgangslage mehrfach anstrengen muß, um die Globalisierungsprozesse wirtschaftlich, politisch und sozial zu überleben.

Viele der Länder Afrikas versuchen bereits seit längerer Zeit, wirtschaftliche regionale und überregionale (intrakontinentale) Allianzen und gemeinsame Arbeitsprojekte zu bilden, um ihre Ausgangslage zu verbessern.

Ein Beispiel war die Gründung des "**Lagos Plan of Action**" (LPA) 1991 als Nachfolger des am 29. April 1980 in Lagos (Nigeria) gegründeten "Lagos Plan of Action for the Economic Development of Africa". Damals diente das Treffen führender afrikanischer Politiker unter dem Dach der OAU (Organisation of African Unity) vor allem dem Ziel: "The document emphasizes "the need to take urgent action to provide the political support necessary for the success of the measures to achieve the goals of rapid selfreliance and self-sustaining development and economic growth". Africa leaders pledged to commit themselves both individually and collectively on behalf of their governments and people to "put science and technology in the service of development by reinforcing the autonomous capacity of our countries in the field" (Edoho: 1997, S. 112).

Auch 1991 war das Hauptziel des Planes, die Selbsthilfe der Wirtschaft in Afrika zu realisieren, d.h. technologisches Wissen zu entwickeln und Forschungseinrichtungen zu gründen.

Andere regionale Kooperationen wurden abhängig von der politischen Stabilität der afrikanischen Länder bereits früher gegründet, wie 1979 "The Southern Africa Development Coordination Conference" (SADCC), 1967 "East Afrika Community" (Ost-Afrikanische-Wirtschaftsgemeinschaft) usw.

Da die verschiedenen afrikanischen Länder immer wieder von politischen Unruhen betroffen waren, funktionierten einige der Abkommen nur unzureichend, z.b. zwischen Kenia und Uganda (vgl. Edoho: 1997, S. 157-162). Für die Zukunft ist zu erwarten, dass die politische Lage in und zwischen den meisten afrikanischen Ländern nicht stabil bleibt. Dies gilt sowohl für die Beziehungen der Länder in Ostafrika, z.B. zu Kenia oder zwischen Äthiopien und Eritrea oder dem Sudan oder zwischen Kongo und Uganda usw.

Auch das sogenannte Brain-Drain, also die Auswanderung von Führungs- und Fachkräften Afrikas in Höhe von mehr als 23.000 Menschen jährlich, belastete und belastet die Bemühungen, einen technologischen Transfer zu fördern, zusätzlich. Ohne diese qualifizierten, gut ausgebildeten Menschen und angesichts der geringen Zahl der Internetzugänge und Computerbesitzer ist es nur schwer vorstellbar, daß Afrika eine Rolle in der Globalisierung spielen wird, d.h. in der Lage sein kann, gegenüber konkurrierenden Wirtschaftszonen oder -ländern wie z.B. Asien oder Lateinamerika im Wettbewerb zu bestehen (vgl. Edoho: 1997, S. 118).

Der Anteil der Länder Afrikas südlich der Sahara am Welthandel hat sich bereits in den letzten zwanzig Jahren von vier Prozent auf unter zwei Prozent halbiert (vgl. Tetzlaff: 1996, S. 544ff). D.h. ganz Afrika erwirtschaftet nur geringfügig mehr als Belgien (vgl. Wilke-Launer: 2000, S. 4). Seit den achtziger Jahren sinkt das Bruttosozialprodukt in vielen afrikanischen Ländern jährlich. Die Abnahme ist vor allem in den Bereichen der Agrarproduktion und Industrieproduktion sowie im Export festzustellen (vgl. Sievers: 1999, S. 20, 21).

Während die Schulden steigen und Direktinvestitionen zurückgehen, schreitet die Erosion staatlicher Strukturen vielerorts schnell voran (vgl. Sievers: 1999, S. 20). Betrachtet man die Indikatoren der Globalisierung: Import, Direktinvestitionen, Export, internationale Produktionsnetzwerke und multilaterale Unternehmen oder Finanztransaktionen genauer, wird die Randständigkeit Afrikas im Vergleich zu anderen Ländern deutlich (vgl. Bittner: 1999, S. 427, Zattler: 1999, S. 129-131). Das zeigt, dass sich die Wirtschaftsentwicklung der afrikanischen Länder tendenziell eher verschlechtert, anstatt sich zu verbessern. Kapitalströme und Privatinvestitionen fließen an diesem Teil der Welt vorbei.

Für viele Länder Afrikas südlich der Sahara (ASS) wird daher befürchtet, dass sie nicht in der Lage sind und auch zeitnah nicht in der Lage sein werden, ihre Strukturen so zu wandeln, dass sie mit den Prozessen der Globalisierung angemessen umgehen können. Deshalb besteht die Gefahr, dass diese Länder dauerhaft oder zumindest auf lange Zeit von der Weltgesellschaft ausgeschlossen oder marginalisiert werden.

Während ost- und südostasiatische Schwellenländer von den Globalisierungsprozessen profitieren, sind die Länder benachteiligt, die unter schlechten geographischen und kulturellen Startbedingungen den Wettlauf um die lukrativen Marktnischen beginnen müssen. Dies wird insbesondere die Länder Afrikas südlich der Sahara und einige lateinamerikanische Länder wie Haiti, Nicaragua und Kuba usw. betreffen.

Die radikale Globalisierung der Weltwirtschaft lastet als "düsteres Schicksal" über diesen Staaten und Gesellschaften der Völkergemeinschaft. Jedoch können auch die zu erwartenden Gewinner von sich nicht behaupten, den Prozeß der Globalisierung umfassend steuern und damit zu ihren Gunsten beeinflussen zu können, da keine lineare oder homogene Dynamik erwartet wird (vgl. Tetzlaff: 1996, S. 546).

Aufgrund der globalen Vernetzung wird Afrika wie alle anderen Kontinente und Staaten auch von den Globalisierungsprozessen betroffen und beeinflußt werden. Und ohne die wirtschaftliche und soziale Situation Afrikas in diesem Zusammenhang zu verharmlosen, sind verschiedene Autoren und Wissenschaftler optimistisch, daß sich Afrika an die Herausforderungen der Globalisierung anpassen kann und wird (vgl. Bittner: 1999, S. 426-433).

Wirtschaftliche Lichtblicke gibt es vor allem in Mosambique, das nach Jahrzehnten von Bürgerkrieg und Zerstörung wieder ein beachtliches Wirtschaftswachstum aufweist, und in Uganda, wo das Bruttosozialprodukt schneller als die Bevölkerung wächst. Auch Bemühungen wie der Kampf gegen Korruption in Nigeria und gegen Aids in Uganda und Senegal geben Anlaß zur Hoffnung (vgl. Wilke-Launer: 2000, S. 5).

"[...] neben dem düsteren Bild, das die offiziellen Statistiken und meist auch die Medien von Afrika vermitteln, gibt es auch ein anderes: das einer Gesellschaft, in der die überwiegende Mehrheit, das heisst achtzig bis neunzig Prozent der Bevölkerung, in der landwirtschaftlichen Subsistenzwirtschaft oder in der Schattenökonomie der Städte ihr Überleben selbst organisiert und dabei viel Mut und Phantasie beweist. Es reicht, um eine minimale Existenz zu sichern, doch zu mehr reicht es nicht." (Renschler: 1995, S. 15)

Folgende Maßnahmen sollten die Ausgangslage von Afrika im globalen Wettbewerb erfolgreich verbessern:

− Beendigung der Konflikte, Vermeidung neuer Konflikte und Transparenz der Regierungsführung, verbunden mit einer Bekämpfung der Korruption;

− Investition der Regierungen in ihr Humankapital, d.h. in Bildung und Ausbildung der Menschen, Gesundheitswesen und andere grundlegende soziale Dienste;

− Verbesserung der Wettbewerbsfähigkeit durch Aufhebung der einseitigen Ausrichtung der Wirtschaft;

− Verminderung der Abhängigkeit von Entwicklungshilfe (vgl. Wilke-Launer: 2000, S. 5). "Das Überleben Afrikas wird [also wesentlich] von seiner Fähigkeit abhängen, sich rationell organisieren und seine Kräfte neu sammeln zu können." (Kabou: 1995, S. 60).

3. Sozialarbeit und Sozialpädagogik: Entstehung, Aufgaben und Funktion sowie Perspektiven in Europa und Afrika

3.1. Begriffsbestimmungen

Nach Neubert zählen zur Sozialpolitik "[..] alle Maßnahmen und Entscheidungen, die auf die Verbesserung der Lebenslage von Personen bzw. Personenmehrheiten zielen. [...] Einbezogen werden hier [...] die Bereiche Bildung, Gesundheit, Wohnen, Arbeits- und Sozialrecht, Wasserversorgung und Sozialarbeit." (Neubert: 1986, S. 9, 10).

Unter Sozialpolitik versteht man die Maßnahmen auf dem Gebiet des Arbeitsschutzes, der Sozialversicherung und der Betriebsverfassung sowie des allgemeinen Arbeitsrechtes und Arbeitsmarktes. Diese Maßnahmen richten sich vor allem auf Menschen, die aufgrund ihrer wirtschaftlich abhängigen Lage im Zusammenhang mit dem Kapitalismus gefährdet, geschädigt, benachteiligt oder Notsituationen ausgesetzt sind. Im Laufe der Zeit hat sich die Auffassung verbreitet, daß Sozialpolitik zur Verbesserung der wirtschaftlich und/oder sozial schwachen Personenmehrheiten durch geeignete Mittel sowie Maßnahmen zur Verhinderung einer derartigen Schwäche zielgerichtet verwendet werden sollte (vgl. Sommer, von Westphalen: 2000, S. 826).

Bei der Definition des Terminus "**Sozialarbeit**" ist festzustellen, daß dieser Begriff weder eindeutig ist, noch einheitlich gebraucht wird und den Gegenstand nur unscharf markiert. Das hängt damit zusammen, daß es eine Fülle unterschiedlicher Begriffe und Umschreibungen gibt, mit denen das Feld der Sozialen Praxis bezeichnet wird.

In der Vergangenheit sprach man von Wohlfahrtspflege bzw. Fürsorge. Gemäß dem Fachlexikon sind die Begriffe Sozialarbeit und Sozialpädagogik Sammelbezeichnungen für die "Fürsorge" für verarmte und randständige Bevölkerungsgruppen, die sich zwischen dem 19. und 20. Jahrhundert entwickelte. Vorläufer der Ausbildung für Sozialarbeiter/Sozialpädagogen war die Ausbildung für Fürsorge/Wohlfahrtspflege und Jugendleiter (vgl. Feldmann: 1997, S. 843ff).

Absolventen dieser Berufsgruppe werden heute als SozialarbeiterInnen bzw. SozialpädagogInnen bezeichnen (vgl. Schaub/Zenke: 1995, S. 263). Auch werden vielfältige Begriffe wie Soziale Arbeit, Sozialarbeit, Sozialpädagogik, Sozialarbeit/Sozialpädagogik oder Kinder-, Jugend- und Familienhilfe, soziale Dienste, soziale Praxis, soziale Hilfsarbeit, der sozialpflegerische Bereich, psycho-soziale Hilfen, Sozial- oder Fürsorge, Sozialwesen etc. genutzt. Diese Bezeichnungen beziehen sich auf das Feld der Sozialen Arbeit. Sie weisen auf verschiedene Aspekte bzw. Bereiche der Sozialen Arbeit hin und zeigen, daß Soziale Arbeit kein einheitlich bzw. systematisch strukturierter Bereich ist, der sich eindeutig und trennscharf von anderen Bereichen abgrenzen läßt (vgl. Hering; Münchmeier: 2000, S. 11ff).

In der Literatur wird davon ausgegangen, daß zwischen den Begriffen "Sozialarbeit" und "Sozialpädagogik" kein Unterschied mehr besteht und diese Begriffe unter dem Synonym "**Sozialwesen**" oder als "**Sozialarbeit/ Sozialpädagogik**" zusammengefaßt werden dürfen (vgl. Hering; Münchmeier: 2000, 13ff.).

In der vorliegenden Arbeit soll daher vereinfachend der Begriff Soziale Arbeit oder Sozialarbeit verwendet werden.

"In den klassischen Versuchen einer Funktionsbestimmung ist Soziale Arbeit bisher weitgehend unwidersprochen als eine pädagogische Erweiterung des Sozialstaates, als ein "Instrument" der Sozialpolitik aufgefaßt worden (Böhnisch 1982; Kaufmann 1977; Müller/ Otto 1980)." (Schaarschuch 1999, 64). Nähere Ausführungen dazu folgen im Kapitel 5.3 Aufgaben, Funktion und Notwendigkeit der sozialen Arbeit.

Pädagogik wird als die Wissenschaft der Erziehung definiert. Historisch gesehen hat sie unter anderem die Aufgaben, Erziehungs-, und Unterrichts- sowie Ausbildungsprozesse in der Gegenwart und Vergangenheit zu beschreiben. Zu ihren Aufgaben gehört es auch, Programme und Theorien über Erziehung im Rahmen ihrer weltanschaulichen, wissenschaftlichen und politischen sowie sozialen Bedingungen zu interpretieren. Ziel ist es,

Werte und Normen sowie die Interessen deutlicher zu machen. Die Entwicklung und Begründung von Maßnahmen, Formen und Methoden der Erziehung sollen dabei die oberste Priorität einnehmen (vgl. Schaub; Zenke: 1995, S. 263).

Der Begriff der Sozial*pädagogik* verweist darauf, daß die Ursprünge sozialer Arbeit von den Impulsen der Bildung und der Hilfe gekennzeichnet sind: "Von Anfang an ist die Geschichte der Sozialpädagogik durch jene beiden Impulse gekennzeichnet: den geistigen Impuls der Bildung des Individuums zur Mündigkeit, zur Autonomie und durch den sozial(politisch)en Impuls zur Hilfe durch soziale Arbeit. Erziehung zielte auf geistige (metakommunikative) wie auf soziale (kommunikative) Gemeinschaftsfähigkeit." (Opielka: 1999, S. 77). Nähere Ausführungen hierzu finden sich im Kapitel 5.3 Aufgaben, Funktion und Notwendigkeit der sozialen Arbeit.

3.2. Die Entstehung der Sozialarbeit/Sozialpädagogik

3.2.1. Die Entstehung der Sozialarbeit/Sozialpädagogik in Europa am Beispiel Deutschland

"[...] Arbeitsfelder, Selbstverständnis, Handlungsprofil und Organisationsstruktur der Sozialen Arbeit sind zusammengewachsen aus verschiedenen Wurzeln und entlang verschiedener Traditionslinien:

– der Fürsorge/Wohlfahrtspflege

– der sozialpädagogischen im Sinne der Fröbelschen Kindergärterinnen, Hortnerinnen und Jugendleiterinnen einerseits,

– der sozialpädagogischen Linie reformpädagogischer Jugendhilfe auf der anderen Seite und

– der volksbildnerisch-nationalerzieherischen Linie (mit geringerem Einfluß auf den sozialen Bereich).

Sie alle haben in unterschiedlicher Weise Arbeitsfelder, Methoden und Theorie der Sozialen Arbeit geprägt. Im Laufe der Geschichte sind sie so weit ineinander verschmolzen, daß es uns heute gerechtfertigt erscheint, alle beschriebenen sozialen Tätigkeiten und sozialen Felder unter dem Oberbegriff "Soziale Arbeit" zu behandeln." (Hering; Münchmeier: 2000, S. 13-14).

Die Geschichte der deutschen Sozialarbeit und des Sozialsystems ist eng verknüpft mit der Entwicklung des Nationalstaates. Darüber hinaus finden sich tiefere historische Wurzeln in den Solidargemeinschaften früherer Zeiten.

Von Anfang an war es für die Menschen wichtig, Lebensabend und Lebensrisiken, z.B. Krankheiten und Invalidität, abzusichern. Jeder trug die Verantwortung für andere. Diese ungeschriebene Familien- oder Verwandtschaftsvereinbarung füreinander funktionierte seit Jahrhunderten. Der Gesunde half dem Kranken, die Eltern sorgten für ihre Kinder und umgekehrt, die wirtschaftlich Starken unterstützten die Schwachen. Kinder halfen nicht nur ihren Eltern im Krankheitsfall und bei Invalidität, sondern sie wuchsen mit der Arbeit auf.

Schon im Mittelalter gab es in den Bruderschaften von Bergleuten sogenannte familienübergreifende soziale Fürsorge. Diese Fürsorge war allerdings mit dem heutigen öffentlichen System der sozialen Absicherung nicht vergleichbar. Man kannte auch die Zünfte als genossenschaftliche Zusammenschlüsse von Handwerkern, die sich zur wirtschaftlichen und sozialen Sicherung ihrer Mitglieder und zur Kontrolle der Qualität der hergestellten Waren sowie der Festsetzung von Preisen und Löhnen gebildet hatten. Die Zünfte bestimmten das soziale Leben ihrer Mitglieder vor allem durch die Sittenkontrolle, durch Hilfe in der Not und durch Gemeinschaft. Analog dem Zusammenschluß der Handwerker gab es auch Genossenschaften der Kaufleute, Hansen genannt.

Die von England ausgehende Industrialisierung und Urbanisierung revolutionierte im 19. Jahrhundert die bestehenden Arbeits- und Lebensverhältnisse der Menschen in Deutschland und allgemein in ganz Westeuropa.

Die traditionelle Gesellschaft und Wirtschaft war relativ statisch, d.h. mit geringfügiger Entwicklung und geringer gesellschaftlicher Mobilität, überwiegend agrarisch und mit niedriger Produktivität. Per Revolution in Frankreich und Reformen ("Revolution von oben") in England und Deutschland wurden die Voraussetzungen für die Industrielle Revolution (in Deutschland von 1835/50 - 1873) geschaffen:

- Bauernbefreiung (Abschaffung der persönlichen Dienstbarkeit 1807),
- Gewerbefreiheit, neue Produktionstechniken, wirtschaftliche Verbesserungen (Aufhebung der Binnenzölle, Handelsfreiheit etc.),
- gesellschaftliche Verbesserungen: freie Wahl des Wohnorts, Lösung von herrschaftlichen und Gruppenbindungen, besseres Schulsystem,
- Verbesserung des Transportwesens (Chausseen, Eisenbahn, Straßen) und
- Aufbau des Bankensystems.

Hinzu kamen Demokratisierungsbestrebungen durch die Einführung aufgeklärter und liberaler Ideen in Wissenschaft und Verwaltung (vgl. Hering, Münchmeier: 2000, S. 19).

In der Folge entstand die sogenannte "Soziale Frage". D.h. die umwälzenden Prozesse zerstörten das ursprüngliche Sozialsystem der Familie und produzierten neue Arbeits- und Lebensformen und damit auch neue soziale Risiken und Benachteiligungen (vgl. Sachße: 1999, S. 28/ Hering; Münchmeier: 2000, S. 19).

So profitierten zwar das Bürgertum und der Adel von den Auswirkungen der Industriellen Revolution, insbesondere von der steigenden Nachfrage nach Produkten. Aber die Lage der entstehenden breiten Schicht der gewerblichen Lohnarbeiter verschlechterte sich dramatisch: Sie verfügten über keinerlei soziale Absicherung und waren aufgrund ihrer politischen (Drei-Klassen-Wahlrecht, Streik- und Koalitionsverbot) und wirtschaftlichen Situation völlig abhängig von den Arbeitsangeboten des Arbeitgebers. Die allgemeinen Lebenskosten stiegen, gleichzeitig war durch den Einsatz von Maschinen und neuen technologischen Methoden jedoch weniger der Einzelne mit seiner Arbeitskraft und seinem handwerklichem Geschick gefragt, und es herrschte ein Überangebot an (Fabrik-) Arbeitskräften. Daraus folgte, dass nur niedrige Löhne gezahlt wurden. Lange Arbeitszeiten, gesundheitsschädliche Arbeitsbedingungen in den Fabriken und miserable Lebensbedingungen in beengten, schmutzigen Mietshäusern führten zu zahlreichen Krankheiten wie Cholera und Tuberkulose, mangelnder Motivation, Monotonie und Abgestumpftheit. Kinder- und Frauen arbeiteten häufig genauso hart und lange wie die Männer, erhielten jedoch weniger Lohn.

Sozialarbeit entstand im Zuge der sozialen Bewegungen und wurde insbesondere durch die Arbeiterbewegung, Frauenbewegung und Jugendbewegung beeinflußt. "Ohne Anstöße und Initiativen aus dem Spektrum dieser für die Gesamtentwicklung Deutschlands im 19. und 20. Jahrhundert so entscheidenden Bewegungen wäre die Ausprägung der Sozialen Arbeit in ihrer spezifischen Gestalt nicht denkbar gewesen." (Hering, Münchmeier: 2000, S. 17).

Vor 1794 gehörte die sogenannte soziale Wohlfahrt nicht zu den Aufgaben des Staates. Auch das Preußische Allgmeine Landrecht vom Jahr 1794 enthielt nur einige gesetzliche Bestimmungen über staatliche Armenpflege. Im Laufe der Zeit ließ sich der Staat jedoch bei positiven Gestaltungsaufgaben auf die Verantwortung ein.

Vor der staatlichen Sozialpolitik existierten jedoch einige kirchliche Versuche, die soziale Frage zu lösen. Diese gingen jedoch immer von einzelnen engagierten Personen aus, da sich die Kirche insgesamt zunächst aus der sozialen Frage heraushielt. Die Zurückhaltung der Kirche ließ sich im wesentlichen auf die im Zuge der Aufklärung eingeführte Trennung von Staat und Kirche zurückführen. Engagierte Vertreter waren u.a.

- Franz Xaver von Baader (1765-1841), Professor für Katholische Philosophie in München, forderte die Akzeptanz von Gewerkschaften, Petitions- und Beschwerderecht und Unterstützung des Proletariats durch den Klerus;
- Johann Hinrich Wichern (1808-1881) gründete 1833 in Hamburg das "Rauhe Haus" zur Aufnahme von mittellosen, gefährdeten Jugendlichen (es wurde ein ganzes Dorf), 1842 ein zweites Haus "Brüderhaus" zur Ausbildung von Diakonen und 1848 zu Wittenberg die "Innere Mission" (soziale Einrichtung);

- Adolf Kolping (1813-1865) setzte sich für Gesellen auf der Walz ein (Unterkünfte, Nahrung, geistliche Unterstützung), gründete 1849 katholische Gesellenvereine und -häuser (Bildungsmöglichkeiten);

- Wilhelm Emanuel Freiherr von Ketteler (1811-1877), Bischof von Mainz, engagierte sich für den Schutz von Arbeiterfamilien vor Ausbeutung, Verbot der Kinderarbeit, Invalidenanstalten, Handwerkervereine, gesetzliche Regelung der Arbeitszeit (10 - 11 Stunden am Tag), Verbot der Sonn- und Feiertagsarbeit, Streikrecht;

- Leo XIII. (Papst), 1891 Enzyklika "Rerum novarum", nach der alle Menschen von Natur aus als gleich behandelt werden sollen und sich Arbeitnehmer und Arbeitgeber frei und mit gerechtem Vertrag gebunden ergänzen; keine Überforderung, Ausbeutung, Unterbezahlung oder Behandlung der Arbeiter als Sklaven; gleichzeitig kein Schaden für die Arbeitgeber, keine Auflehnung der Arbeiter oder Streik.

Neben den sozialstaatlichen und kirchlichen Lösungsversuchen der sozialen Frage gab es auch sozialistische und privatwirtschaftliche Lösungsversuche. Die Sozialisten betrachteten die Industrialisierung als Ursache der materiellen, politischen und gesellschaftlichen Ungleichheit und strebten statt Konkurrenz wirtschaftliche Gleichheit, Gemeinschaftsgeist und Solidarität an. Privateigentum sollte abgeschafft werden, da es nur zur Ausbeutung reize und nur der individuellen Nutzung diene. Wichtige Vertreter dieser Richtung waren u.a. Charles Fourier (1772-1837), Henri de Saint-Simon (1760-1825), Robert Owen (1771-1858), Louis Blanc (1811-1882) und Wilhelm Weitling (1808-1871).

Privatwirtschaftlich engagierte sich der anti-liberal und anti-sozialdemokratisch eingestellte Carl Ferdinand Freiherr von Stumm-Halberg (1836-1901). In seinen Unternehmen im Saarland, in Lothringen und in Luxemburg führte er soziale Verbesserungen wie höhere Löhne, Kleinkinder- und Hüttenschulen, Betriebswohnungen, finanzielle Förderungen von Eigenheimen, Heiratsausstattung für junge Ehepaare, ärztliche Betreuung und Altersvorsorge ein.

Mit der Verkündung der sogenannten Kaiserlichen Botschaft (Gesetzgebungswerk zur Verbesserung der Situation der Arbeiter) durch den Reichskanzler **von Bismarck** am 17. November 1881 wurde ein wesentlicher Grundstein für die soziale Sicherheit der Arbeiter gelegt. In der Kaiserlichen Botschaft hieß es: "Der Staat wird sich angesichts des Massenelende der Arbeiter und der sozialen Unruhen seiner Verantwortung für die materielle Not der arbeitenden Menschen bewußt: "... daß die Heilung der sozialen Schäden nicht ausschließlich im Wege der Repressen sozialdemokratischer Ausschreitungen, sondern gleichmäßig auf dem der 68 positiven Förderung des Wohles der Arbeiter zu suchen sein werde," [...]." (Vgl. Bundesministerium für Arbeit und Sozialordnung: 1997, S. 16ff).

Im Juni 1883 wurde die **Sozialversicherung** mit dem Gesetz über die Arbeiterkrankenversicherung ins Leben gerufen. Im Juli 1884 folgte die Gründung der Unfallversicherung. Juni 1889 kam die Invaliditäts- und Altersversicherung zustande. Diese Versicherungen waren nicht durch staatliche Steuereinnahmen finanziert. Sie sind von der Mitgliedschaft in der jeweiligen Kasse mit einem monatlichen Beitrag abhängig.

Mit dem Aufbau wohlfahrtsstaatlicher Sicherungssysteme in Westeuropa fand ein Wechsel von Solidarität zu Inklusion statt: Soziale Sicherung, Hilfe und Unterstützung war jetzt nicht mehr allein dem solidarischen Beistand von Familie, Gemeinde oder Volk überlassen, sondern wurde nun mittels gesetztem Recht und staatlicher Bürokratie (und staatlichem Zwang) organisiert. "Die nationalstaatliche Souveränität bildete den nicht hinterfragten Bezugsrahmen und die wirtschaftliche Konkurrenz souveräner Nationalstaaten, den Motor erfolgreicher wohlfahrtsstaatlicher Politiken. Wenn auch die soziale Dichte traditionaler Gemeinschaften auf nationaler Ebene in keiner Weise mehr gegeben ist, so hat doch die Nation die hinreichende kulturelle Homogenität und soziale Bindekraft, die dem Nationalstaat die faktische Organisationsgewalt verbürgt, um das Funktionieren des Wohlfahrtsstaates zu sichern." (Sachße: 1999, S. 29).

Die staatliche Sozialpolitik und -gesetzgebung unter von Bismarck wurde in der wilhelminischen Zeit weiter fortgesetzt. Während dieser Epoche folgten u.a. das Verbot der Sonntagsarbeit, die Begrenzung der Arbeitszeit für Frauen und Jugendliche und eine Verbesserung der rechtlichen Situation der Arbeiter durch Schiedsstellen und Gewerbegerichte.

1911 faßte schließlich die Reichsversicherung alle Vorschriften der gesetzlichen Sozialversicherungen zusammen. Im gleichen Jahr wurde weiterhin die Angestelltenversicherung eingeführt, die je zur Hälfte von Arbeitgeber und Arbeitnehmer getragen wurde.

Die geschilderte Entwicklung des deutschen Sozialsystems (Einführung der Sozialversicherung) war als Antwort des Staates und der Gesellschaft insgesamt auf die soziale Krise der Zeit zu verstehen.

So gab es in Deutschland die Situation der Massenarbeitslosigkeit, so daß die Regierung in Preußen die Auswanderung aus Deutschland als Mittel zur Bekämpfung der Arbeitslosigkeit empfehlen mußte. Als Folge dieser Empfehlung wanderten zwischen den Jahren 1878 und 1881 ca. 210547 Menschen aus Deutschland aus. Neben der Arbeitslosigkeit spielte auch die in der Zeit herrschende schlechte politische Entwicklung im Lande eine wesentliche Rolle (vgl. Bundesministerium für Arbeit und Sozialordnung: 1997, S. 60).

Zu den Besonderheiten der Entwicklung der Sozialen Arbeit in Deutschland gehört neben der erst relativ spät einsetzenden Industrialisierung eine Arbeitsteilung zwischen Staat und sozialen Organisationen wie z.B. den Wohlfahrtsverbänden, die frühe Verrechtlichung der Sozialen Arbeit und die damit zusammenhängende Bürokratisierung, die Ausbildung der Fachkräfte außerhalb der Universität, die Zuordnung des Kindergartens zur Kinder - und Jugendhilfe anstelle des Schulwesens und anderes mehr (vgl. Hering, Münchmeier: 2000, S. 16).

3.2.2. Die Entstehung der Sozialarbeit/Sozialpädagogik in Afrika

Vor der Kolonisation durch die Europäer gab es die moderne Sozialarbeit und Sozialpädagogik in Afrika nicht. Sie wurde von westlichen Staaten und vor allem von Großbritannien und den Vereinigten Staaten von Amerika auf den Kontinent gebracht (vgl. Kapitel 2.2.5 Koloniale Sozialpolitik).

In Bezug auf ihre Entstehung ist Sozialarbeit bzw. Sozialpädagogik in Afrika ein relativ neuer Beruf. Zu den ersten anerkannten Arten der Sozialarbeit zählte die in Krankenhäusern praktizierte "case work". Später wurde unter anderem die Methode der Gruppenarbeit entwickelt.

Ähnlich wie in Europa vor der Industrialisierung wurden in der traditionellen afrikanischen Gesellschaft soziale Dienste (services) durch die Familie geleistet und Probleme durch sie gelöst. Es gab keine speziell ausgebildeten und zuständigen Professionen wie die Sozialarbeiter, um bei Armut, Krankheiten usw. anderen Menschen zu helfen. Solche Probleme wurden innerhalb der Familie, Verwandtschaft oder unter Freunden/in der Gemeinschaft aufgefangen (vgl. Ausführungen zur traditionellen Solidarität im präkolonialen Afrika). Daher kann man die Familie als Grundstein für die moderne 70 Soziale Arbeit betrachten. Nicht zu vernachlässigen ist ebenso der Beitrag der Religionen/der Kirche und ihnen nahe stehender sozialer Organisationen. Sie leisteten ebenfalls einen beachtlichen Beitrag zur Entwicklung der Sozialen Arbeit (z. B. wird im Sudan die soziale Arbeit zu 60 Prozent von der Kirche und islamischen Wohlfahrtsorganisationen betrieben.)

Obwohl die Familie/Gemeinschaft und Kirche sich nach wie vor bei der Lösung sozialer Probleme engagieren, sind diese Sozialisationsinstanzen nicht mehr allein in der Lage, die zunehmenden Probleme und Herausforderungen (im Zuge der sozialen und technologischen Veränderungen) zu bewältigen. Die sozialen Probleme in den modernen Gesellschaften sind so komplex, daß für ihre Lösung staatliche Interventionen notwendig sind.

Hauptgrund für die Einführung der Sozialarbeit und Sozialpädagogik in Afrika waren auch hier die zunehmenden sozialen Probleme im Prozeß der Urbanisierung und Industrialisierung. Hier lassen sich, wie schon angedeutet, Parallelen zu der Entwicklung in Europa ziehen. In den westlichen Ländern entstand die Sozialarbeit, wie bereits im Kapitel 3.2 beschrieben, durch die Veränderungen der sozialen Strukturen im Zuge der Industrialisierung. Umstrukturierungen in den Familiensystemen wie die Abnahme der familiären Bindungen und traditionellen Verpflichtungen erforderten die Einführung eines adäquaten Sozialsystems.

Die Sozialpolitik in der Dritten Welt entwickelte sich unter anderen Bedingungen als die der sogenannten Ersten Welt (vgl. Neubert: 1986, S. 7). In Afrika setzten massive Veränderungen innerhalb der Familienstruktur mit den kolonialen Eingriffen in die traditionellen Gesellschaftsstrukturen ein (vgl. Kapitel 2.2.5 Koloniale Sozialpolitik).

Neubert merkt am Beispiel Kenias dazu an: "Die entwicklungsorientierte Kolonialpolitik hatte zunächst eine Differenzierung der afrikanischen Bevölkerung eingeleitet. Einer neu entstandenen Elite stand eine Armutsbevölkerung gegenüber, die sich aus den Viehzüchtern des Nordens und des Südens, verarmten Kleinbauern (besonders aus Nyanza), landloser Landbevölkerung (besonders im Kikuyugebiet) und aus einem stetig anwachsenden städtischen Proletariat zusammensetzte [...]. Die Hoffnung, daß die freigesetzte bzw. verarmte Landbevölkerung durch die industrielle Entwicklung in den Städten Arbeit finden könnte, wurde nicht eingelöst [...]. Der ökonomische Entwicklungsprozeß in ganz Ostafrika folgte nicht dem Muster der europäischen Industrialisierung im 19. Jh. [...]." (Neubert: 1986, S. 96).

Dies ist insbesondere darauf zurückzuführen, dass sich aus dem hohen Stand der Technik ein geringerer Bedarf an Arbeitskräften ergibt. Gleichzeitig wurden durch die Technisierung der Landwirtschaft wesentlich mehr Arbeitskräfte freigesetzt, als dies in der Landwirtschaft Europas im 19. Jahrhundert geschah.

Die sozialpolitischen Maßnahmen waren nicht in der Lage, die Folgen der Strukturprobleme umfassend aufzufangen. "So wichtig der Ausbau von Erziehungs- und Gesundheitswesen auch war, er verbesserte die ökonomische Situation der Armutsbevölkerung nicht umfassend. [...] Clubs, Gemeinschaftsangebote oder Heime konnten allenfalls neu entstandene Problemsituationen mildern, und der Ansatz der Community Development verbesserte zwar zum Teil die Lebensbedingungen der Landbevölkerung, aber das strukturelle Problem Landknappheit bestand weiter." (Neubert: 1986, S. 96, 97).

Die Nachfrage nach **qualifizierter Sozialarbeit** in Afrika stieg weiterhin zunehmend. Daher wurden in vielen afrikanischen Universitäten Abteilungen/

Departments of Social Work and Social Administration mit dem Ziel gegründet, eine professionelle Ausbildung zu realisieren. In der heutigen Gesellschaft gehört Sozialarbeit zum Kern helfender professioneller Berufe neben Medizin, Psychiatrie, Öffentlicher Gesundheitsvorsorge und Bildung (vgl. Rwomire/Raditlhokwa 1996, S. 6-7).

Beispiele für gegründete afrikanische Ausbildungsstätten sind die "School of social work" in Ghana, (1946), "The Jan Hofmeyer College" in South Africa (später eröffnet), und "The Oppenheimer college of social science" in Sambia (später in die Universität von Sambia integriert). Nach und nach wurden zahlreiche Hochschulen für Sozialarbeit und Sozialpädagogik ins Leben gerufen, darunter die 1964 gegründete "The school of social work" in Harare, Simbabwe.

Trotz wechselvoller Entwicklung wurde zum Beispiel in Kenia das Ausbildungssystem derart ausgebaut, dass 1978 drei verschiedene Qualifikationsstufen angeboten werden konnten:

"Ein "Social Work Programme" an der Universität in Nairobi als Höchstqualifikation, auf der mittleren Ebene das "Kenya Institute of Administration" und das "Government Training Institute" sowie für die praxisnahe Ausbildung das "Kobujoi Social Training Centre" und die "District Training Centres" [...]. Zusätzlich boten auch die Village Polytechnics einführende Kurse in soziale Berufe an. Aber bis zu den achtziger Jahren findet sich ein Nebeneinander von entwicklungsbezogenen und kurativ- therapeutischen Lehrinhalten." (Neubert: 1986, S. 201, 202).

Die folgende Tabelle 1 soll eine weltweite Übersicht über die ersten Schulen der Sozialen Arbeit geben.

Die ältesten Schulen der Sozialen Arbeit nach Regionen/Ländern geordnet			
Region	Land	Schule	Gründungsjahr
Westeuropa	Holland	Institut für Sozialarbeit, Ausbildungsstandort Amsterdam	1899
Nordamerika	USA	Schule für Sozialarbeit, New York	1904
Lateinamerika	Chile	Schule für Sozialarbeit, Santiago	1920
Skandinavien	Schweden	Institute für Sozialpolitik, Stockholm	1921
Ozeanien	Australien	Fachbereich für Sozialwesen, Universität von Melbourne	1933
Asien	Indien	Tata Graduate Schule für Sozialarbeit	1936
Afrika	Ägypten	Kairo Schule für Sozialarbeit	1937
Osteuropa	Polen	Medizinische Schule für Sozialarbeiter, Warschau	1966
Quelle: Yiman (1990, S. 255).			

(Vgl. Rwomire/Raditlhokwa 1996, S. 10).

Eine Ausbildung als Sozialarbeiter war in den fünfziger und sechziger Jahren in Afrika fast unmöglich. Es gab nur wenige Hoch- und Fachhochschulen oder Universitäten in Afrika. Deshalb wurden Studierende dieser Fachrichtung hauptsächlich im europäischen oder amerikanischen Ausland ausgebildet. Die meisten Lehrenden an den genannten Institutionen waren ebenfalls in Europa oder den Vereinigten Staaten von Amerika ausgebildet. Dies führte am Anfang dazu, daß die Ausbildungsschwerpunkte ähnlich wie in Europa festgelegt wurden bzw. sich an den europäischen Sozialstrukturen orientierten (importierte Theorien, vgl. auch Rwomire/Raditlhokwa: 1996, S. 13), obwohl sich die sozialen Probleme der Kontinente erheblich unterschieden.

In der Literatur wird der Einfluss westlicher Sozialarbeit auf die Orientierung der Ausbildung afrikanischer Sozialarbeiter häufig als Erbschaft oder Spätfolge des Kolonialismus bezeichnet:

"Right from its inception, social work pratice in Africa inherited a western bias for obvious reasons. In the many years that followed, it continued to allow itself to be influenced by its western bias basically because of the legacy of colonialism. Theories tended to be adopted wholesale from western theorists and practitioners, reflecting western academic analysis and the culture of individualism." (Mupedziswa: 1992, S. 20ff).

Mupedziswa meint damit, daß soziale Arbeit in Afrika von Anfang an durch westliche Ideen und besonders durch den Kolonialismus beeinflußt worden ist. Auch die Anwendung der im Westen erarbeiteten Theorien und Praxis wie der Kultur des Individualismus beeinflußten die soziale Arbeit in Afrika nachhaltig.

Diese westlichen Einflüsse auf die Sozialarbeit und ihre Ausbildung in Afrika sind seit einigen Jahren erheblich zurückgegangen. Das ist auf die zunehmende Orientierung von Theorie und Praxis an den sozialen Problemen des jeweiligen Landes und seinen sozialen, ökonomischen und kulturellen Bedürfnissen zurückzuführen (vgl. Mupedziswa: 1992, S. 22ff).

Die Anpassungsprozesse der Sozialarbeit an die Bedingungen der Entwicklungsländer werden als notwendig erachtet, da sich die sozialen Probleme im Vergleich zu Europa und den USA wesentlich unterscheiden (vgl. Walton/ Abo El Nasr: 1988, S. 148-151):

"National cultures differ in the definition of social problems, religious and social attitudes and in the institutional context of social work services." (Walton; Al Nasr: 1988, 148).

Als Zeichen des Versuches, Sozialarbeit an die Bedürfnisse der jeweiligen Probleme der Gesellschaft anzupassen, fand 1971 das "fifth United Nations international survey of social work training" mit dem Ziel statt, die von Amerika und Europa in die Entwicklungsländer importierten Theorien der Sozialarbeit zu ändern. Die Begriffe **Indigenization** und **Authentization** prägten die UNO-Konferenz in Kairo (Ägypten) 1976 (Toward Social Work Practice in Developing Countries) und entwickelten sich seitdem zu populären Schlagwörtern in den Entwicklungsländern wie Ägypten, Sierra Leone, Brasilien, Chile, Indien, Hongkong und den Philippinen.

Die Bedeutung der beiden Begriffe soll im folgenden beschrieben werden:

Indigenization: "Indigenization means appropriateness, which means professional social work roles must be appropriate to the needs of different countries and social work education must be appropriate to the demands of social work practice. Indigenization is also referred to as "adapting imported ideas to fit local needs"[...]." (Walton, El Nasr: 1988, S. 148).

Diese Bezeichnung bedeutet also die Anpassung der hauptsächlich von Europa und den USA übernommenen Modelle sozialer Arbeit an ein anderes Umfeld oder deren Integration in den kulturellen Kontext. Hier will man auf die Notwendigkeit eines Zusammenhanges von Bildung/Ausbildung und Praxis hinweisen.

Authentization meint: "the identification of genuine and authentic roots in the local system, which would be used for guiding its future development in the mature, relevant and original fashion (Ragab, 1982, p.21)."

Authentization wird auch als "[...] the creation or building of a domestic model of social work in the light of the social, cultural, political and economic characterics of a particular country" beschrieben (Walton; Abo El Nasr: 1988, S. 149).

Bei dem Begriff "authentization" geht es also darum, Modelle bzw. Theorien für die soziale Arbeit zu entwickeln, die auf den sozialen, kulturellen, politischen und ökonomischen Besonderheiten eines Landes basieren und diese berücksichtigen.

Die Anpassung des Sozialsystems in Afrika bewegt sich im Spannungsfeld zwischen den Polen der traditionellen Solidarität und Familienorientierung einerseits und einem "modernen" Sozialsystem andererseits. Insbesondere letztere Einflüsse basieren auf den aus Europa importierten Werten und politischen Ideologien wie Individualisierung, Humanismus, Liberalismus und Kapitalismus (vgl. Walton, El Nasr: 1988, S. 151).

Einige Länder wie zum Beispiel Kenia versuchen bereits erfolgreich, die traditionellen sozialen Strukturen bei der Auswahl geeigneter sozialpolitischer und sozialarbeiterischer Maßnahmen zu berücksichtigen.

Neubert bemerkt dazu: "Die vorkolonialen sozialen Strukturen und die darin eingebundenen Formen der sozialen Sicherung und der Verteilung von Gütern und Dienstleistungen sind für die Untersuchung der Sozialpolitik in Kenya von mehrfacher Bedeutung. Erstens blieben trotz kolonialer Einflüsse wichtige Elemente der traditionellen Solidarität bis heute erhalten, die für die Mehrheit der kenyanischen Bevölkerung einen entscheidenden Beitrag zur sozialen Sicherung leisten; zweitens sind viele neu entstandene soziale Netze durch vorkoloniale Strukturen beeinflußt. Drittens finden sich in der Politik der Republik Kenia Versuche, vorkoloniale Strukturen in die staatliche Sozialpolitik einzubinden. Und viertens werden afrikanische Traditionen zum Ausgangspunkt für die politische Grundsatzerklärung der Republik Kenya gewählt, wobei ausdrücklich auf die dort verankerte Verpflichtung zur gegenseitigen Hilfe verwiesen wird [...]." (Neubert 1986, S. 25).

Die Einbeziehung afrikanischer Tradition soll "[...] den Afrikanern Stolz und Selbstachtung vermitteln, die es ihnen erlaubten, Elemente anderer Kulturen aufzunehmen, ohne ihre afrikanische Identität zu verlieren [...]." (Neubert: 1986, S. 104). In diesem Sinne war das Modell des Sozialismus für einige afrikanische Länder interessant, weil es in seiner Basis an die afrikanischen Traditionen kollektiver demokratischer Entscheidungen und gegenseitiger sozialer Verantwortlichkeit anknüpfte (vgl. Neubert: 1986, S. 104).

Um die Sozialarbeit in Afrika mehr an die Bedürfnisse und Besonderheiten des Kontinents anzupassen, wurden einige Organisationen wie Association of Social Work Education in Afrika (ASWEA), The International Federation of Social Workers (IFSW) oder International Council of Social Welfare (ICSW) ins Leben gerufen. Diese Anpassungsprozesse sozialer Arbeit werden von den meisten lokalen und ausländischen Akademikern und Praktikern wie z.B. Ankrah (1987), Ragab (1982) und Midgley (1981) unterstützt.

Dennoch besteht das Problem, daß Sozialarbeit in Afrika häufig nicht in der Lage ist, auf soziale Probleme adäquat zu reagieren. Dies ist jedoch nicht nur auf die Frage der Ausbildungsangebote zurückzuführen. Weitere wichtige Gründe sind mangelnde (finanzielle) Ressourcen und ein fehlendes gesellschaftliches Bewußtsein hinsichtlich der Notwendigkeit umfassender (sozial-)politischer Maßnahmen einschließlich sozialarbeiterischer Interventionen:

"To a great extent, the trials and tribulations facing social work today can be blamed on the fact that the socio-political milieu in many African societies is not yet conducive to facilitate radical forms of intervention. The main impediment is the political leaders', narrow and conservative conception of the role and function of social work. Midgley (1981:157) assertively argues that:

"... developing countries', political elites have no intention of redistributing income and wealth to eradicate mass poverty. They use social work as a palliative and as a means of camouflaging the material basis of deprivation."" (Rwomire; Raditlhokwa: 1996, S. 12).

Diese Zitate verdeutlichen, daß die soziale Arbeit in Afrika heute in vielen afrikanischen Gesellschaften mit einem sozialpolitischen Milieu konfrontiert ist, das bis jetzt keine radikalen Reformen oder Interventionen zur Erleichterung fördert. Die politischen Eliten der Entwicklungsländer haben nicht die Absicht, Einkommen und Reichtum anders zu verteilen, um die Massenarmut zu bekämpfen. Sie benutzen Soziale Arbeit als Mittel zur Linderung, Beschönigung oder Tarnung der materiellen Grundlagen des Mangelzustandes.

Sozialarbeit als helfender Beruf ist nach Rwomire & Raditlhokwa in einen Krisenzustand geraten. Bei der Krise geht es um seine Rolle, Funktion, Ziele und Methoden in der Gesellschaft. Viele Menschen in Afrika haben Schwierigkeiten, die Rolle, Funktion und Ziele sowie Methoden der Sozialarbeit als professionellen Beruf zu verstehen. Das hängt eng mit der Gründungsphase der Sozialarbeit in Afrika zusammen.

3.3. Aufgaben, Funktionen und Notwendigkeit der sozialen Arbeit

Aufgaben und Funktionen der Sozialarbeit hängen eng mit dem politischen System und dem Zeitgeist der jeweiligen gesellschaftlichen Epoche zusammen. Anhand der Entwicklung der Sozialarbeit ließ sich dies bereits eindrucksvoll schildern.

Eine umfangreiche Definition der Aufgabenbereiche sozialer Arbeit ist nicht einfach zu finden, denn "Wenn es gegenwärtig darum gehen soll, Aufgaben und Funktion Sozialer Arbeit theoretisch zu analysieren, dann benötigt man ein Theorieangebot, das in der Lage ist, beide Seiten der gesellschaftlichen Veränderungsdynamik, Tendenzen der Pluralisierung und Enttraditionalisierung von Lebensform einerseits und Strukturen sozialer Ungleichheit sowie Prozesse zunehmender sozialer Ausgrenzung anderseits systematisch zu analysieren, und darauf bezogen Aufgaben und Funktionen der Sozialen Arbeit zu beschreiben." (Scherr: 1999, S. 41).

Zusammengefaßt können die Aufgabenbereiche sozialer Arbeit als die Bearbeitung sozialer Probleme umschrieben werden, d.h. "[...] als Bearbeitung von als soziale Probleme wahrgenommenen Folgeproblemen funktionaler Differenzierung, die als individuelle bzw. kollektive Risiken auftreten, welche nicht in der Form standardisierbarer, versicherbarer Leistungen bearbeitet werden können." (Scherr: 1999, S. 50).

Die Sozialarbeit versucht, soziale Funktionen des Individuums in der Gesellschaft als Einzelperson oder in einer Gruppe im Hinblick auf das soziale Umfeld und die sozialen Beziehungen wahrzunehmen. Sozialarbeit beschäftigt sich also mit der Interaktion zwischen Menschen und ihrem sozialen Umfeld.

Außerdem hat sie die Funktion, Probleme zu identifizieren. Dadurch soll ein zielgerichteter Einsatz gesellschaftlicher Ressourcen ermöglicht werden, der den Betroffenen in seinem sozialen, emotionalen oder physischen Umfeld hilft, bestehende Probleme zu bewältigen (Hilfe zur Selbsthilfe).

Anhand der nachfolgenden Definition wird versucht, Charakteristik, Ursprung und Funktionen der sozialen Arbeit zu verdeutlichen:

"[...] an art, a science, a profession that helps people to solve personal, group, and community problems and to attain satisfying personal, group, and community relationships through social work practice, including case work, group work, community organisation, administration, and reasearch." (Rwomire; Raditlhokwa: 1996, S. 5).

Zusammengefaßt: Soziale Arbeit ist eine Profession, die versucht, Menschen zu helfen, ihre Probleme persönlicher Art oder in Gruppen, in der Gemeinschaft bzw. in der Gesellschaft zu bewältigen. Dabei nutzt sie "Casework" (Einzelfallhilfe), Gruppenarbeit, Gemeinwesenarbeit, Organisation, Verwaltung und Forschung.

Die Funktion und Ziele der Sozialarbeit im weitesten Sinne werden wie folgt erläutert:

"By and large, social workers assist other people to sort out problems in social functioning. They are concerned with the solution or prevention of social problems such as those facing abused or neglected children, the poor, the physically or mentally handicapped, the deprived and exploited. The objective of social work is to assist people to solve their more serious problems, and more importantly, to develop the ability to deal with their problems more effectively in the future. The overriding aim of social work is to promote people's well-being and to help them realise their capabilities to the fullest, so that they may live reasonably satisfying lives, comfortable within themselves and in society (Dressler, 1969:750)." (Rwomire; Raditlhokwa: 1996, S. 6).

In der Geschichte jeder Gesellschaft sind soziale Dienstleistungen oder soziale Arbeit zu finden. In jeder Gesellschaft gab bzw. gibt es immer die Möglichkeit und Notwendigkeit, Menschen mit Behinderungen, Waisenkindern, Kranken, Alten oder anderen Personengruppen zu helfen. In jeder

Gesellschaft hat jedes Mitglied bestimmte Aufgaben für die Familie, die Gemeinschaft und die Nation zu erbringen. Gleichzeitig hat jede Person das Recht, Unterstützung/Beistand (benefit) und Verantwortung zu erhalten, die sich aus ihrer Mitgliedschaft zu dieser sozialen Gruppe ergeben.

Sozialarbeit als helfender Beruf hat die Aufgabe und das Ziel, sich für die Integration von benachteiligten oder ausgegrenzten Personen in der Gesellschaft einzusetzen. Dabei geht es darum, dieser Gruppe ein Leben in Autonomie und Selbständigkeit zu sichern.

"Sozialpädagogisches Handeln zielt auf Integration von Menschen in belasteten Lebenslagen, die in Gesellschaften oder Gemeinschaften an den Rand gedrängt oder gar ausgegrenzt werden. [...] Sozialwissenschaftliche Studien zeigen zudem, daß verschiedene Bevölkerungsgruppen ein sich verschärfendes Ausgrenzungsrisiko tragen: Migranten, in Einkommensarmut lebende Kinder, Frauen und Männer, Behinderte, Kranke, Alte, Jugendliche in schwierigen Lebenssituationen und andere." (Treptow, Hörster: 1999, S. 9)

Soziale Arbeit versteht sich als Mittel/Instrument der Sicherung von zivilen Schutzrechten und politischen Beteiligungsrechten aller Staatsbürger sowie der Absicherung sozialer Teilhaberechte in der Gesellschaft. Zusammengenommen bilden sie die "Rechtsfigur des Bürgers" (vgl. Scherr: 1999, S. 59). Auf die besondere Verrechtlichung der sozialen Arbeit (soziales Sicherungssystem) in Deutschland wurde bereits in Kapitel 5.2 hingewiesen.

Das westliche Modell der Sozialarbeit konzentriert sich vor allem auf praktische Felder der sozialen Probleme und einzelne, besonders benachteiligte Personengruppen, die es in die Gesellschaft zu reintegrieren gilt. Konkrete Handlungsfelder für soziale Arbeit erschließen sich, wie bereits angedeutet, z.B. bei alten und behinderten Menschen, Personen mit sozialen Schwierigkeiten wie Isolation, familiären Beziehungsproblemen, schädlichem Gebrauch oder Abhängigkeit von legalen und illegalen Drogen, psychischen Problemen und Suizid, Kindeswohlgefährdung und Kindesmißbrauch etc.

Währenddessen konzentriert man sich in den Entwicklungsländern vorrangig auf basale Gebiete und strukturelle Fragen wie z.B. Fragen der Entwicklung, Beseitigung von Hunger, Armut, Obdachlosigkeit, Arbeitslosigkeit und der Schaffung einer Infrastruktur (vgl. Walton; El Nasr: 1988, S. 148-151).

Hierin ist einer der wesentlichen Unterschiede zwischen Sozialarbeit in Deutschland und den meisten afrikanischen Ländern zu sehen, wo es keine vergleichbare strukturelle Grundabsicherung gibt bzw. die bestehenden sozialen Sicherungssysteme nicht alle Bevölkerungsschichten, sondern nur die im formellen Sektor Beschäftigten, absichern. Individuelle Notlagen von Personen sind daher in ihrer Dimension von existentieller Bedeutung, was auch die Unterscheidung des Armutsbegriffes in "relative Armut" (Deutschland, Westeuropa) und "absolute Armut" (u.a. Afrika) verdeutlichen soll. In den meisten afrikanischen Ländern gibt es (noch) kein individuelles Recht auf soziale Dienstleistungen.

"In Kenya lassen sich traditionelle und neue soziale Netzwerke finden, die Elemente der traditionellen Solidarität enthalten. Diese Strukturen sind in vieler Hinsicht basal, um Überleben zu sichern. [...] Korporative Sicherungsformen [wie Handelskammern, offiziell geförderte Berufsverbände usw.] kommen als Sozialversicherung der gesicherten Mittelschicht zugute. Die ungesicherten Unterschichten werden davon kaum erreicht [...]. Die öffentlichen Leistungen des Staates, der Behörden oder der Non- Governmental Organizations (NGOs), die zum Überleben beitragen, Sicherheit bieten oder die Lebenslage verbessern, sind z.B. Bereitstellung von materieller und sozialer Infrastruktur, von einkommensschaffenden Projekten und Wohnungsbauprogrammen. Aber die Behörden sind andererseits auch eine deutliche Bedrohung für die Armen mit rigiden Bauvorschriften, Lizenzregelungen für Kleinstunternehmer und Verbot bestimmter Aktivitäten." (Neubert: 1986, S. 294).

Da z.B. in Kenia kein Rechtsanspruch auf öffentliche Leistungen für die Förderung von Projekten der Selbsthilfe besteht, sind "Nur wenige Antragsteller [...] bei ihren Anfragen oder Anträgen vom Glück begünstigt, und viele der Initiativen müssen trotz ihrer Vorleistungen auf die erhofften Hilfen verzichten. Öffentliche Leistungen sind somit für die eigentlichen Nutzer kaum kalkulierbar, und sie werden nie kontinuierlich erbracht. Sie bieten der Schicht der Ungesicherten allenfalls ein willkommenes und weitgehend zufälliges Zubrot in der Art eines Lotteriegewinnes. Das zentrale Problem der städtischen Armen, die Herstellung von Sicherheit, wird durch die Sozialpolitik nicht gemindert." (Neubert: 1986, S. 320).

Wie bereits erwähnt, folgt Sozialarbeit in ihrem Ansatz sowohl dem Impuls der Hilfe als auch dem der Bildung. In diesem Zusammenhang "[...] besteht ihr gesellschaftlicher Bezug in der Entwicklung der personalen Voraussetzungen ihrer Adressaten zur aktiven Teilnahme am demokratischen Prozeß und damit an der Gesellschaft - also die Konstitution politischer Subjekte. In Anlehnung an Preuss (1990) können wir hier von einer Sozialpädagogik der "Qualifizierung von/bzw. zum Staatsbürger(n)" sprechen." (Schaarschuch: 1999, S. 66).

Die "Qualifizierung zum Staatsbürger" durch die Sozialarbeit hat aber auch eine negative Seite: neben dem Ansatz von Hilfe und Bildung fungiert Sozialarbeit gleichzeitig als Instrument (staatlicher) sozialer Kontrolle. In der Sozialarbeit wird dieses Phänomen als "doppeltes Mandat" von Hilfe und Kontrolle diskutiert (vgl. Schaarschuch 1999, S. 65).

In der Vergangenheit konzentrierte sich die Sozialarbeit und Sozialpädagogik in ihrer Funktion als Instrument sozialer Kontrolle stark auf Randgruppen. Im Rahmen einer ökonomischen Betrachtungsweise wurde von einigen Autoren die zentrale gesellschaftliche Funktion der Sozialarbeit nicht als Hilfe im Interesse ihrer Adressaten, sondern als "Zurichtung von Individuen zu arbeitswilligen und arbeitsfähigen Lohnarbeitern" mit dem Ziel der Befriedung von Randgruppen (und dadurch Stabilisierung des gesellschaftlichen Systems) diskutiert (vgl. Scherr: 1999, 43).

Die Aufgaben und Funktion sozialer Arbeit werden jedoch heute nicht mehr nur in der Lösung der Randgruppenproblematik gesehen. Vielmehr geht es auch darum, eine qualitative Veränderung in der Gesellschaft herbeizuführen. Dafür sollen u.a. durch soziale Arbeit die notwendigen Rahmenbedingungen geschaffen werden.

Sozialarbeit sollte sich in diesem Zusammenhang als Instrument der sozialen Veränderung verstehen. In Afrika, aber auch in vielen anderen Entwicklungsländern tendiert das Selbstverständnis der Sozialarbeit bzw. Sozialpädagogik zum "social development" (soziale Entwicklung). Damit gibt sich die Sozialarbeit in Afrika eine neue Aufgabe. Sie proklamiert, daß Sozialarbeit in der Lage ist, die sozialen Probleme einer Gesellschaft besser einschätzen zu können, da sie sich für die Strukturen der Gesellschaft und die daraus resultierenden Schwierigkeiten der Menschen interessiert und diese analysiert. Insofern ist Sozialarbeit der kompetente Ansprechpartner, wenn es um die Lösung sozialer Probleme geht. (Auf diesen Aspekt soll im folgenden Kapitel 5.4 noch näher eingegangen werden.)

Nach Scherr dient die soziale Arbeit auch als Mittel zur Gewalt- und Kriminalitätsprävention. Die Aussage "Sozialpolitik ist die beste Kriminalpolitik" mag zunächst verwirren, meint aber die Tatsache, daß sich durch präventive Maßnahmen wie soziale Arbeit negative Folgekosten von Armut und Ausgrenzung wie zum Beispiel steigende Eigentums- und Gewaltkriminalität, Unsicherheit in den Städten etc. vermeiden lassen.

Vor dem Hintergrund des Integrationsgedankens und der Erschließung gesellschaftlicher Ressourcen zur Befähigung des Einzelnen, seine Probleme zu überwinden, kann Sozialarbeit als Maßnahme offensiver und präventiver Sozialpolitik (z.B. Aktionsprogramm gegen Gewalt im Bereich der Jugendhilfe, Einrichtung kriminalpräventiver Räte in Kommunen, Ausbau von aufsuchender Sozialarbeit und Streetwork) daher als Gewalt- und Kriminalitätsprävention in Abgrenzung und Ergänzung zu polizeilicher und strafrechtlicher Arbeit/Sanktionen verstanden werden (vgl. Scherr: 1999, S. 41).

Zu den wichtigen Aufgaben der Sozialarbeit im allgemeinen und vor allem in Afrika gehören die Bekämpfung von Armut und sozialer Ungleichheit. Diese ist nach Mupedziswa jedoch nur auf der Makro-Ebene der Gesellschaft zu bekämpfen.

Die UNO-Konferenz hat im Jahr 1968 Funktion, Aufgaben und Ziele der Sozialen Arbeit in den Entwicklungsländern mit den folgenden drei wichtigen Begriffen zusammengefaßt: "[...] kurativ als Hilfe für sozial Gescheiterte, präventiv als Verhinderung sozialer Problemlagen und entwicklungsfördernd als Hilfe zur Partizipation und Selbstorganisation des Lebens." (Neubert: 1986, S. 138).

"Im Rahmen der Gesamtstrategie unterstrichen die UN-Experten die entwicklungsfördernde Funktion der Sozialarbeit. Sie sollte die Anpassung der Gemeinschaft an die veränderte soziale Situation unterstützen [...]. [...] Die Umsetzung sollte durch eigens ausgebildete Sozialarbeiter gesichert werden, die zwei Funktionen wahrnehmen sollten: Als "change agent" sollten sie die Adressaten in die Lage versetzen, am Entwicklungsprozeß direkt mitzuwirken (social education) und als Experten für menschliches Verhalten und menschliche Bedürfnisse sollten sie den Wandel und die Gesamtentwicklung auf der Ebene der Planung mitbeeinflussen. Sozialarbeit erhielt sowohl pädagogische als auch planerische Aufgaben zugesprochen. Die traditionelle Aufgabe, Hilfe für soziale Randgruppen, sollte dagegen in den Hintergrund treten [...]." (Neubert: 1986, S. 139).

In diesem Sinne sollten sich die Entwicklungsländer darauf konzentrieren, die Entwicklung von Aktivitäten wie die Stärkung familiärer Beziehungen und des Zusammenlebens zu unterstützen. Kinder und Jugendliche sollen in der Entwicklung eines eigenen Lebens gefördert werden, damit sie sich ihrerseits an der Entwicklung des Landes beteiligen können.

Sozialarbeit, insbesondere in den westeuropäischen Ländern, muß sich jedoch zunehmend mit der Frage beschäftigen, daß durch Druck "von außen" (Prozesse der Globalisierung schränken die Spielräume nationalstaatlicher Wirtschafts- und Sozialpolitik zunehmend ein) und Druck "von innen" (Prozeß der Individualisierung, Enttraditionalisierung und Pluralisierung von Lebenslagen höhlt die Bindekräfte der Gesellschaft, auf denen Solidarität beruht, zunehmend aus) die sozialen Sicherungssysteme der Wohlfahrtsstaaten zunehmend überfordert werden.

"Der Wohlfahrtsstaat ist heute kontrovers geworden, weil er an Grenzen der Finanzierbarkeit stößt und weil er seine "utopischen Energien" aufgezehrt hat [...]. Die internen Organisationsprobleme wohlfahrtsstaatlicher Sicherung werden überlagert von globalen gesellschaftlichen Veränderungsprozessen. In den aktuellen Prozessen der Europäisierung und der Globalisierung wird das Konzept der Nation und des Nationalstaates selbst herausgefordert. [...] Der Organisationsrahmen des Wohlfahrtsstaates wird brüchig. Die Nation als Anknüpfungspunkt für Solidarität beginnt sich aufzulösen." (Sachße: 1999, S. 30).

D.h. die ökonomischen und sozialen Folgen der Globalisierung steigern den Bedarf an wohlfahrtsstaatlicher Sicherung, entziehen ihr aber zugleich die finanziellen Grundlagen (vgl. Sachße: 1999, S. 32).

In dem Maße, wie eine sich modernisierende und globalisierende Ökonomie eine wachsende Anzahl von Menschen als "überflüssig" freisetzt und im Zuge neoliberaler Politik sozialstaatliche Leistungen weiter abgebaut werden, ist Sozialarbeit gefordert, sich mit dem Problem der knappen und ungleichen Verteilung von Chancen hinsichtlich Teilhabe an Arbeit, Einkommen und Gesellschaft (soziale Ausgrenzung) zu beschäftigen.

Für die zu Problemzonen erklärten Wohnbezirke der Vorstädte gilt: "Weder eine schulische Erziehung der Kinder, die Chancen auf dem Arbeitsmarkt eröffnet, noch ein Schutz vor Kriminalität sind gewährleistet, und auch ein Verbot des Handels mit illegalen Drogen wird nicht mehr durchgesetzt. Soziale Arbeit in solchen ghettoisierten Vorstadtsiedlungen ist vor diesem Hintergrund nicht mehr in der Lage, Inklusionskarrieren, etwa in Hinsicht auf das Bildungssystem und den Arbeitsmarkt zu eröffnen, sondern transformiert sich zur Exklusionsverwaltung." (Scherr: 1999, S. 53).

Mit dem Begriff der "Exklusionsverwaltung" beschreibt Scherr die Aufgabenbereiche sozialer Arbeit in Form der Betreuung von Maginalisierten, deren Lebensperspektive fraglich ist, und ohne daß Sozialarbeit einen substantiellen Beitrag dazu leisten könnte, diesen Menschen eine Aussicht auf gesellschaftliche bzw. berufliche Integration zu eröffnen (vgl. Scherr: 1999, S. 42).

Zu ihren Aufgaben zählt demnach, "Sozialität und Personalität unter Bedingungen unwahrscheinlich gewordener Inklusion zu ermöglichen.". D.h. "[...] tragfähige Lebensperspektiven unter Bedingungen [...], in denen berufsförmige Erwerbsbiographien und ein daran gebundener sozialer Status nicht erreichbar sind [...]." zu schaffen und "Lern- und Bildungsprozesse anzuregen, die ein nicht selbst- und fremddestruktives Leben unter Exklusionsbedingungen ermöglichen." (Scherr: 1999, S. 53, 54).

Ausblick und Herausforderung:

Mit zunehmender Modernisierung, Globalisierung der Ökonomie und einer neoliberalen Politik in weiten Teilen Europas, die unter anderem den Abbau sozialstaatlicher Leistungen vorsieht, wird perspektivisch die soziale Ausgrenzung hinsichtlich der Teilhabe an Arbeit, Einkommen und am gesellschaftlichen Leben insgesamt weiter zunehmen (vgl. Scherr: 1999, S. 39). Vergleichbare Prozesse sind insbesondere aufgrund der Globalisierung auch in Afrika verstärkt zu erwarten.

Die Etablierung und Expansion sozialer Arbeit ist jedoch nicht, wie man auf den ersten Blick annehmen könnte, die zwangsläufige, funktional notwendige Folge der beschriebenen gesellschaftlichen Entwicklungsprozesse. Unter den Bedingungen einer sich globalisierenden Ökonomie bei gleichzeitiger Finanzkrise der öffentlichen Haushalte und sinkender Steuerungskapazität des Nationalstaates ist ein offensiver Ausbau des Sozialstaates keynsianischer Prägung vermutlich eher unwahrscheinlich (vgl. Scherr: 1999, S. 52)

"Jede nicht völlig auf Mitteleuropa begrenzte Gesellschaftsbeobachtung muß auch schlicht empirisch zur Kenntnis nehmen, daß nationalstaatlich verfaßte Gesellschaften mit kapitalistisch-marktwirtschaftlicher Ökonomie ein hohes Maß an Ausgrenzung, Maginalisierung und Verelendung verkraften können, ohne zu zerfallen oder auseinanderzubrechen. Es ist also eine Frage von Durchsetzungsfähigkeit und Definitionsmacht in gesellschaftlicher, insbesondere politischer Kommunikation, wie jeweils kollektiv verbindliche Kriterien gesellschaftlicher Teilnahme definiert werden und welche Formen und welches Ausmaß an Exklusionen als akzeptabel bzw. inakzeptabel gilt." (Scherr: 1999, S. 48).

Die zahlreichen Diskussionen angesichts von Kürzungen der Leistungsansprüche, zum Beispiel im Bereich der gesetzlichen Krankenversicherung, des Arbeitsförderungsgesetzes oder der Finanzierung von Kinder- und Jugendhilfe etc., zeigen dies meines Erachtens deutlich.

Unter diesem Blickwinkel erfordern die Prozesse der Globalisierung nicht nur "[...] ein grundsätzliches Neudenken des Nationalitätsgedankens, von Staatsangehörigkeit, Wahlrecht und politischer Partizipation [...].", sondern auch "[...] eine Neukonzeption sozialer Sicherung, die den sich radikal wandelnden Verhältnissen Rechnung trägt." (Sachße: 1999, S. 33).

3.4 Aktuelle Herausforderungen für die Sozialarbeit/ Sozialpädagogik in Afrika

Das Jahr 2000 wurde als "magic year" von mehreren internationalen Organisationen, z.B. von der Weltgesundheitsorganisation (World Health Organisation), nicht nur für Afrika, sondern weltweit ausgerufen. Dabei ging es der WHO und den anderen Organisationen darum, die Gesundheit für alle Menschen zu verbessern. Es gab aber auch Aufrufe wie der zur Verbesserung der Wohn- und Bildungsmöglichkeiten für alle Menschen. Sozialarbeit als professioneller Beruf wurde angefragt, Prioritäten bezüglich der sozialen Probleme für die kommenden Jahre zu setzen und daraus resultierende Ziele zu formulieren.

Als größte Probleme des afrikanischen Kontinents wurden Arbeitslosigkeit, Flüchtlingsfragen, AIDS und Ökologie/Umweltverschmutzung festgestellt. Zu den einzelnen Problemen sollen an dieser Stelle einige Ausführungen folgen.

3.4.1. Arbeitslosigkeit

Die schnelle und zunehmende Urbanisierung oder Verstädterung und die damit verbundene Migration aus kleinen Städten und den ländlichen Gebieten wird als eine Ursache für die hohe Arbeitslosigkeit in Afrika angesehen. Arbeitslosigkeit hat in vielen Ländern Afrikas eine bedrohliche Stufe erreicht. Mupedziswa spricht in diesem Zusammenhang von einer nicht mehr zu kontrollierenden Ebene. So lag die **Arbeitslosenquote** in Sambia bei 19 Prozent, in Tansania bei 18 Prozent, in Kenia bei 16 Prozent, in Somalia bei 15 Prozent, in Äthiopien bei 11 Prozent und in Malawi bei 5 Prozent (vgl. Mupedziswa: 1992, S. 23). Bei der Verwendung dieser Zahlen muß beachtet werden, daß sich Arbeitslosenquoten in vielen Ländern Afrikas in der Regel nur auf die Bewohner großer Städte bezieht. Insbesondere hinsichtlich der Registrierung oder Einschätzung der Arbeitsuchenden gibt es wenige verläßliche Daten, da einerseits ein Großteil der Bevölkerung noch auf dem Land lebt und andererseits in der Regel keine standardisierte "Arbeitslosenmeldung beim Arbeitsamt" wie in der BRD besteht.

Insbesondere die Schulabgänger gehören zu den leidtragenden Betroffenen von Arbeitslosigkeit. Trotz eines guten Schulabschlusses gelingt es nur wenigen von ihnen, eine Arbeit zu finden. In vielen Ländern nimmt die Zahl der arbeitslosen Schulabgänger pro Jahr zu. So stieg beispielsweise in Simbabwe die Zahl arbeitsloser Jugendlicher auf 110.000 im Jahr an. Andererseits sind die Ausbildungsbedingungen den Bedürfnissen noch nicht immer angemessen, so daß qualifizierte Arbeitskräfte aus dem Ausland geholt werden müssen (vgl. Mupedziswa: 1992, S. 22ff).

Steigende Jugendarbeitslosigkeit entwickelt sich zum sozialen Problem. Denn in dem Maß, wie Perspektiven für die Jugendlichen fehlen, sinkt ihre Bereitschaft, sich an die sozialen Regeln der Gesellschaft zu halten. Bestehende Bedürfnisse können angesichts mangelnder Perspektiven unter Umständen nur durch kriminelles Verhalten befriedigt werden. Dies wiederum führt zu weiteren gesellschaftlichen Problemen. Daher bildet die Beschäftigung mit dem Problem der Arbeitslosigkeit und den davon betroffenen Menschen einen wichtigen Schwerpunkt in der sozialen Arbeit (vgl. Mupedziswa: 1992, S. 22).

Im Zusammenhang mit Arbeitslosigkeit in Afrika weist Neubert darauf hin:

"Arbeitslosigkeit im Sinne einer völligen Beschäftigungslosigkeit ist ein unbedeutender Faktor. Für den überwiegenden Teil der Armen ist Arbeitslosigkeit ein "Luxus", den sie sich nicht leisten können [...]. Um zu überleben, müssen sie irgendwo Einkommen erwerben. Der einzige Ausweg dafür ist der informelle Sektor [...]. Die Armen sind "working poor" [...]." (Neubert: 1986, S. 296).

Das zentrale Problem in Afrika ist daher weniger die Arbeitslosigkeit, sondern **Ungleichheit**: "Die Masse der Armen arbeitet schlecht bezahlt oder auf eigene Rechnung mit minimalen Überschüssen im informellen Sektor, wie Subsistenzwirtschaft, Kleinkunsthandwerk und Kleinsthandel. Der Übergang vom informellen Sektor in den formellen Sektor ist mehrfach erschwert. Die Gewinnspannen sind zu gering, und die praktisch erworbenen Qualifikationen bieten keinen Zugang zu Arbeitsstellen im formellen Sektor, die formale Bildungsabschlüsse erfordern." (Neubert: 1986, S. 116). Hinzu kommt, dass über die sozialen Sicherungssysteme z.B.: in Kenia nur die im formellen Sektor Beschäftigten abgesichert sind. Die im informellen Sektor Beschäftigten können bei Krankheit oder Unfall nicht mit staatlichen Leistungen rechnen.

Tätigkeiten im informellen Sektor entsprechen zum Teil denen des formellen Sektors, werden aber ohne die notwendigen Lizenzen ausgeübt, z.B. existieren informell im

- Handel kleine Läden, die Dinge des täglichen Lebens verkaufen,

- Transport: Betreiber kleiner Sammeltaxis (Matatus) oder Handwagen,

- Dienstleistungsgewerbe: Reparaturbetriebe oder Dienstleistungen wie Wagenwaschen, Parkplätze anweisen, Autos bewachen, Frisieren oder Schuhe putzen sowie traditionelle Heiler und Beschneider. Einen großen Teil des informellen Dienstleistungsbereiches nehmen von der Mittelschicht illegal beschäftigte Hausangestellte ein, die weit weniger als den Mindestlohn erhalten.

- Im Bereich der Herstellung werden z.B. Gebrauchsgüter aus Altblech und Metall gefertigt, bieten Tischler, Schuhmacher, Matratzenmacher, Holzschnitzer und "Farbenhersteller" ihre Dienste an.

- Restaurants und der Vertrieb alkoholfreier Getränke, Limonaden, Tees, Porridge, einfacher afrikanischer Gerichte, gerösteter Maiskolben usw.
- Bauindustrie: frei operierende Handwerker übernehmen entsprechende Arbeiten. Ein Teil der Häuser (in den sogenannten Squattersiedlungen) werden zum Teil vermietet. Daneben besteht der informelle Sektor aus illegalen Tätigkeiten wie Prostitution, dem Betreiben illegaler Bars, in denen selbst hergestelltes Bier und Schnaps verkauft und Übernachtungsmöglichkeiten (meist verbunden mit Gelegenheitsprostitution) angeboten werden; Glücksspiel, Kriminalität, insbesondere Diebstahl und Drogenhandel (vgl. Neubert: 1986, S. 296-299).

"Arbeitslosigkeit bzw. Unterbeschäftigung stellen völlig neue und individuelle Notlagen dar, die auch neue Formen der Hilfen benötigen: Hilfe bei der Arbeitsuche und Unterstützung von Migrationsvorhaben." (Neubert: 1986, S. 303).

Voraussetzung für staatliche Maßnahmen zur Bekämpfung der Arbeitslosigkeit ist ein gut funktionierendes wirtschaftliches System, das jedoch auf dem Kontinent nicht in der Art existiert. Viele Länder bemühen sich seit langem, Lösungen für das abnehmende Wirtschaftswachstum und die zunehmende Arbeitslosigkeit zu finden.

Eine der bekanntesten Maßnahmen war der 1980 durchgeführte "**Lagos Plan of Action**". Dieser stellte den Versuch dar, durch die Entwicklung einer gemeinsamen Selbsthilfe-Strategie für die Länder Afrikas die wirtschaftlichen und sozialen Probleme zu lösen. Eine regionale Kooperation wurde angestrebt, die die Aufgabe hatte, den internationalen Handel innerhalb Afrikas zu unterstützen. Die durchgeführten Maßnahmen führten jedoch nur teilweise und nur in bestimmten Gebieten des Kontinents zum Erfolg. Von einer Beseitigung der Arbeitslosigkeit kann keine Rede sein. Arbeitslosigkeit bleibt nach wie vor eines der wichtigsten und größten Probleme in Afrika. Auch im Jahr 2000 und darüber hinaus wird sich die Arbeitsmarktsituation schätzungsweise weiter erheblich verschlechtern (vgl. Mupedziswa: 1992, S. 22).

Die Rolle der Sozialarbeit bei der Eindämmung der Arbeitslosigkeit beschränkt sich auf die sogenannte "community development" oder "community organisation". Dies meint die Konzentration und Beschränkung der Sozialarbeit auf die allgemeine Verbesserung der sozialen Lage der Gemeinde insgesamt oder der einzelnen betroffenen Personen. Sie versucht, die community (Gemeinde) bei der Formulierung und Durchführung von sozialen Projekten und Programmen zu unterstützen, so daß die Hilfe der gesamten Gemeinde zugute kommt, z.B. durch den Aufbau von Infrastrukturmaßnahmen und Aktivitäten zur Förderung der Landwirtschaft. Im weitesten Sinne wird unter "community development" der Aufbau eines umfangreichen Selbsthilfepotentials für die Entwicklung des Landes verstanden. Damit folgt community development in ihrer Grundidee den gleichnamigen Konzepten der Kolonialzeit und übernimmt vorhandene Strukturen, z. B. der Verwaltung.

"Community organisation" hingegen verfolgt das Ziel, finanzielle Unabhängigkeit und kollektive sozial-ökonomische Entwicklung zu unterstützen/fördern (vgl. Rwomire; Radithokwa: 1996, S. 9; Neubert: 1986, S. 137).

Aufgrund der zunehmenden Arbeitslosigkeit in Afrika und der Unfähigkeit der politisch Verantwortlichen, dieses Problem zu lösen, wird der Ruf nach aktiver Mitarbeit der Sozialarbeit als professioneller Beruf lauter. Man glaubt, durch die Beteiligung von Berufsgruppen wie der Sozialarbeiter die Arbeitslosigkeit auf einer niedrigeren Ebene halten zu können. Die Sozialarbeit wird vor dem Hintergrund ihrer Ansätze der Bildung und der Hilfe des Einzelnen und der Entwicklung der Gemeinschaft als kompetenter Partner wahrgenommen. Das alleinige Vertrauen in die Lösungsfähigkeit der Politik und Wirtschaft sollte sich zunehmend ändern (vgl. Mupedziswa: 1992, S. 32-33).

Die Sozialarbeiter afrikanischer Länder haben sich in diesem Zusammenhang sehr bemüht, basierend auf den traditionellen Formen gegenseitiger Hilfe neue Lösungsmöglichkeiten für das Problem der Arbeitslosigkeit zu schaffen: "Die Sozialarbeit ist besonders an **einkommensschaffenden Projekten** interessiert und bemüht sich zunehmend, solche Projekte zu för-

dern und Frauen, die um Hilfe nachfragen, in Gruppen zu organisieren."
(Neubert: 1986, S. 223).

Insbesondere Frauen, die vielfältig benachteiligt sind, sollen auf diesem Weg durch die Erschließung neuer Einkommensquellen und den Erwerb neuer Kompetenzen entwicklungsorientiert gefördert werden. "Das Einkommen selbst ist eine Alternative zu kurativen Hilfen und soll den Frauen mit ihren Familien ein Stück Unabhängigkeit bieten." (Neubert: 1986, S. 223).

Die einkommensschaffenden Projekte erreichen je nach Rahmenbedingungen und der Wahl des Betätigungsfeldes unterschiedliche Erfolgsquoten. Beispielsweise klammern Projekte auf dem Land (Anbau neuer Produkte wie Gemüse) die landlose Bevölkerung aus und diejenigen, denen "[...] in einem Haushalt ohne erwachsene männliche Arbeitskraft neben der deshalb notwendigen Tätigkeit zur Sicherung des Überlebens kaum Zeit verbleibt, um an einem Projekt teilzunehmen. Die Ärmsten werden also durch diese Projekte nicht erreicht." (Neubert: 1986, S. 224).

Andere Projekte wie der Verkauf von traditionellen Flechtarbeiten aus Sisal (Körbe, Matten, Puppen) hängen von dem räumlichen Zugang zu einem kaufkräftigen Markt, d.h. Straßen, öffentlichen Verkehrsmitteln und der Nähe von Städten ab. Da die meisten afrikanischen Frauen selbst in der Lage sind, diese Dinge herzustellen, sind hauptsächlich Touristen als Käufer interessant, und es herrscht enormer Konkurrenzdruck.

Die Sozialarbeiter initiieren die Projekte und unterstützen in der Regel die Frauen bei der Anschaffung der einfachen Geräte und des ersten Materials. Es fehlen jedoch vielfältige Ideen für Projekte, die Marktnischen bedienen und ohne große Investitionen Produkte verkaufen können. Die Erfolge einzelner Projekte werden teilweise durch die Weitergabe und Kopie der Projektidee zerstört, wenn der lokale Markt durch mehrere Anbieter der gleichen Ware oder Dienstleistung übersättigt wird.

Dazu kommt, dass den Sozialarbeitern meist ausreichende kaufmännische Kompetenzen fehlen, um die neuen ökonomisch orientierten Projekte angemessen zu beraten (vgl. Neubert: 1986, S. 225, 226).

Wirklich erfolgreiche Projekte wie der Kauf einer Farm, der Bau eines Hauses und die Vermietung von Zimmern oder eine Schweinezucht haben in der Regel mit Startkapital begonnen: "Die Chance, ein einkommensschaffendes Projekt zu starten, setzt zunächst Einkommen bzw. eine Möglichkeit, Einkommen zu erhalten, voraus (z.b. Lohnarbeit). [...] Die Hoffnung auf Hilfe durch Selbsthilfe realisiert sich deshalb ohne finanzielle Hilfen bei den Angehörigen der unteren Schicht nur selten. Alle begleitenden Angebote der Fortbildungen zur Führung eines Kleinstunternehmens können also gerade die nutzen, die sich aus eigener Hilfe einen Start ermöglichen konnten (wie z.b. Marktfrauen mit regelmäßigem Einkommen)." (Neubert: 1986, S. 226).

Darüber hinaus existieren sogenannte "**Small Business Programms**", die aus einem Kredit zum Start eines Kleinstunternehmens (Zeitungsstand, kleine Handwerksbetriebe, Kleinhandel usw.) bestehen. Das Besondere an diesen Programmen ist, dass die Kredite ohne feste Sicherheiten an Individuen oder Gruppen vergeben werden, wodurch auch untere soziale Schichten erreicht werden können. Zurückgezahlte Kredite werden im Rahmen des Programmes wieder neu vergeben. Betreuung und Hilfen werden insbesondere hinsichtlich der Geschäftsführung (Buchführung, Kostenrechnung, Einkauf, Lagerhaltung) und bei der Lizenzbeschaffung angeboten.

Erste Evaluationen der Programme kamen zu dem Ergebnis, dass positive Auswirkungen auf die Lebensbedingungen der Kreditnehmer und ihrer Familien festzustellen sind: "Ein großer Teil des zusätzlichen Einkommens wurde für Nahrung, Schulgebühren, Verkehrsmittel usw. ausgegeben. Die Befragten gaben an, daß ihre Familien gesünder wären als zuvor, und daß die Beziehungen innerhalb der Familien und zur Verwandtschaft sich gebessert hätten." (Neubert: 1986, S. 228).

Die Probleme liegen auch hier (ähnlich wie bei den einkommensschaffenden Projekten für Frauen) in den Kosten für eine intensive und angemessene Betreuung, dem Fehlen marktgerechter Produkte und Geschäftsideen und der damit verbundenen Gefahr einer Vervielfachung bestehender

Kleinstunternehmen. Bei einer breiter gestreuten Förderung ist weiterhin ein Verdrängungswettbewerb mit nicht geförderten Unternehmen zu erwarten. D.h. einerseits ist die große Anzahl der Bedürftigen nur schwer zu erreichen, andererseits würde eine breite Förderung den relativen Vorteil praktisch wieder zerstören (vgl. Neubert: 1986, S. 227-231).

Die Wahl der richtigen Zielgruppe ist für die Angemessenheit ökonomischer Strategien in der Sozialarbeit daher von besonderer Bedeutung.

3.4.2. Flüchtlinge

Politische, wirtschaftliche, soziale und militärische Unruhen in vielen afrikanischen Ländern haben dazu beigetragen, daß ein Großteil der afrikanischen Bevölkerung inner- und außerhalb des Kontinents auf der Flucht ist. Die **Ursachen** des Flüchtlingsproblems in Afrika sind unter anderem in Bürgerkriegen, Revolutionen, ethnischen Konflikten, diktatorischen Regierungen und damit verbunden in Verletzung von Menschen- und Minderheitenrechten, Flucht vor Kriegen zwischen Nachbarländern, Naturkatastrophen wie Überflutung oder Dürre und damit verbundenen Hungersnöten usw. zu suchen (vgl. Mupedziswa: 1993, S. 23, 24).

Circa sechs Millionen Menschen sind innerhalb des eigenen Landes oder in Nachbarländern als Flüchtlinge unterwegs. Obwohl in Afrika weniger als 10 Prozent der gesamten Weltbevölkerung leben, stammen mehr als ein Drittel der 17 Millionen Weltflüchtlinge aus Afrika (vgl. Mupedziswa: 1993, S. 22).

"[...] about one out of 66 Africans is a refugee, and at the world level, one out of every three refugees is an Afrikan (Mwase, 1988)." (Mupedziswa: 1993, S. 22).

In Ostafrika spricht man von ca. 230.000 Flüchtlingen. Während dessen beherbergt das Land Sudan allein ungefähr 324.000 Flüchtlinge. Westafrika hat die geringste Zahl, nämlich 18.000. Die größte Zahl der Flüchtlinge auf dem Kontinent befand sich im südlichen Afrika mit 1.200.000 und auf dem Horn von Afrika mit 1.000.000 Flüchtlingen. Im Vergleich zu anderen Teilen der Welt läßt sich feststellen, daß die Zahl der Flüchtlinge in Afrika schneller als irgendwo sonst wächst (vgl. Mupedziswa: 1993, S. 22).

Die Zahl derjenigen, die innerhalb des eigenen Landes als Flüchtlinge bezeichnet werden müssen, sogenannte "internally displaced persons", ist sehr hoch. Allein in Mozambique lag die Zahl der "internally displaced persons" bei vier Millionen Menschen. Im Sudan leben ca. sechs Millionen Sudanesen im eigenen Land als Flüchtlinge.

Allgemein haben die meisten afrikanischen Länder gegenüber den Flüchtlingen eine **liberale Politik** vereinbart, in der es darum geht, Flüchtlinge mit Würde zu behandeln. Dieses Ziel ist zeitweise aufgrund der eingeschränkten Ressourcen und der zunehmenden Flüchtlingsströme für manche Länder schwer umzusetzen. So sind einige Flüchtlingslager überfüllt. Flüchtlinge werden hauptsächlich von den Empfängerländern und/oder von internationalen Hilfsorganisationen unterstützt. Das Flüchtlingsproblem zählt zu den großen sozialen Problemen des Kontinents und nimmt deshalb eine hohe Priorität bei der Sozialarbeit in Afrika ein (vgl. Mupedziswa: 1993, S. 22).

Flüchtlinge oder "Entwurzelte" (Uprooted) sind mit zahlreichen Verlusten konfrontiert, die vielfältige Spuren im psychischen Erleben und sozialen Empfinden hinterlassen: "They usually consist of tales of fear, panic, flight, fatigue, illness, hunger [...]" (Mupedziswa: 1993, S. 4). Aus traumatischen Erfahrungen wie Folter und sexuellem Mißbrauch resultieren häufig physische, psychische und psychosomatische Verletzungen und Krankheiten (vgl. Mupedziswa: 1993, S. 5). Insbesondere Flüchtlingskinder, die den Tod der Eltern erlebt haben, auf der Flucht verloren gingen oder sich selbst unbegleitet auf die Flucht begeben haben, sind häufig mit Armut, Krankheit, Gewalt und traumatischen Ereignissen konfrontiert, die verarbeitet werden müssen. Psychologisch sind vor allem der Verlust einer persönlichen Identität und das Gefühl, die Situation nicht mehr kontrollieren zu können, bedeutsam.

Mit dem Flüchtlingsproblem sind sowohl die Ministerien der einzelnen Regierungen (Ministries of Health, Education, Home Affairs (Police), Defence (Army), Social Welfare, Agriculture, Construction and Water Development) als auch verschiedene **lokale** und **internationale NGOs** (Nicht-Regierungs-Organisationen) befaßt.

Seitens der Nichtregierungsorganisationen ist z.b. das UNHCR (United Nations High Commision for Refugees) als strikt unpolitische Organisation darum bemüht,

- erstens den internationalen Schutz der Flüchtlinge wiederherzustellen (da davon ausgegangen werden muss, dass die Flüchtlinge nicht länger unter den Schutz der lokalen Regierungen fallen). Dies umfaßt insbesondere den Schutz vor Abschiebung oder Rückführung in das Heimatland, wenn ihnen dort Verfolgung droht.

- und zweitens die Lösung der Flüchtlingssituation durch Integration in das Land, das ihnen Asyl gewährt, Wiederansiedlung in einem dritten Land oder eine freiwillige Rückkehr in das Heimatland. Auf Gesuch der aufnehmenden Länder stellt das UNHCR vorübergehend auch Basismaterial zur Versorgung der Flüchtlinge mit Wasser, Essen, Obdach/Schutz und medizinischer Hilfe zur Verfügung (vgl. Mupedziswa: 1993, S. 14).

Die folgende Übersicht gibt eine Darstellung darüber, inwieweit die Sozialarbeiter die medizinische Grundversorgung der Flüchtlinge unterstützen:

Type of Health Service:	Possible Roles of Social Workers:
- In-patient and out-patient medical treatment	- refer individuals to the services available - arrange for the refugee community workers to identify and refer scases through outreach - arrange for payment for treatment and medicines, where necessary
- Supplementary feeding programmes	- help plan services - assist in carrying out nutritional screening - refer individuals to services
- Sanitation	- organise maintenance of community facilities in settlements
- Mother and child clinics	- publicise existing services and refer individuals - encourage participation through outreach by refugee community
- Other services such as: dental care, family planning, provision of eyeglasses, giving of vaccinations	- publicise and refer individuals to existing services - arrange for payment of costs where necessary

(vgl. Mupedziswa: 1993, S. 169).

Es wird deutlich, dass wesentliche Aufgaben der Sozialarbeit im Bereich der Beratung und Aufklärung liegen sowie hinsichtlich einer Anwaltsfunktion für die Betroffenen (vgl. Mupedziswa: 1993, S. 161). Dies meint auch die übergeordnete Anwaltsfunktion, die versucht, auf politische Verhältnisse einzuwirken, damit die Ursachen der Fluchtbewegungen verringert werden können.

Besonders bewährt haben sich Ansätze der Sozialarbeit, die sowohl die lokale Bevölkerung als auch die Flüchtlinge unterstützen, d.h. Dienstleistungen anbieten, von denen alle profitieren (vgl. Mupedziswa: 1993, S. 164).

Flüchtlinge benötigen über die Grundversorgung hinaus weitere spezielle Hilfen zur Integration, die den Bereich der Bildung und Ausbildung betreffen und wie folgt zusammengefaßt werden sollen:

- teaching the language of the country of asylum
- introducing the culture of the asylum country
- promoting contact between refugee and national children (when they attend the same schools)
- allowing some refugee students to progress to higher levels of education in the country of asylum, and
- providing graduates with a locally recognised certificate." (*UNHCR Handbook for Social Services*, 1984 In: Mupedziswa: 1993, S. 94).

Darüber hinaus sind soziale Unterstützungsleistungen ebenfalls bei der Rückkehr in das Heimatland und in die Heimatgemeinde notwendig (vgl. Mupedziswa: 1993, S. 149). Wichtig für die Integration in die Gemeinschaft erscheint meiner Ansicht nach auch die Aufarbeitung der Traumatisierung. Sozialarbeit soll dabei den Zugang zu den notwendigen Ressourcen sichern.

3.4.3. AIDS

AIDS ist die englische Abkürzung für Acquired Immune Deficiency Syndrome.

Das AIDS-Programm der Vereinten Nationen (Joint United Nations Programme on HIV/AIDS, UN-AIDS) geht davon aus, dass bereits 11 Millionen Afrikaner südlich der Sahara an AIDS gestorben sind und mehr als 22 Millionen weitere infiziert sind. "Nur zehn Prozent der Weltbevölkerung leben südlich der Sahara. Aber zwei Drittel aller HIV-Infizierten auf der Erde sind hier zu Hause, und mehr als achtzig Prozent aller durch Aids bedingten Todesfälle ereignen sich in dieser Region. [...] In ganz Ost- und Südafrika sind laut UN-AIDS mehr als 13 Prozent aller Erwachsenen HIVinfiziert. In drei Ländern, darunter auch Simbabwe, sind mehr als ein Viertel der Erwachsenen vom Virus befallen." (Schoofs: 2000, S. 7).

"In sechzehn schwarzafrikanischen Ländern haben sich bereits mehr als 10 Prozent der erwachsenen Bevölkerung angesteckt. Die höchste Rate weist mit 35,8 Prozent Botswana auf. In Simbabwe wird ein 15-jähriger Jugendlicher mit einer Wahrscheinlichkeit von 70 Prozent im Laufe seines Lebens an Aids erkranken. Südafrika [...] hält den traurigen absoluten Rekord mit 4,2 Millionen Infizierten." (Wilke-Launer: 2000, S. 4).

Ein Bericht der Frankfurter Rundschau vom 10.03.2001 geht mit ca. 35 Millionen HIV-positiven Menschen und 80 Prozent davon südlich der Sahara von ähnlichen Größenordnungen für den afrikanischen Kontinent aus (vgl. Cornwall: 2001, S. 4).

Nach medizinischer Schätzung sind 30 Prozent der Kinder in Afrika mit dem HIV-Virus infiziert. Dies hat beachtliche Auswirkungen auf die nationale Entwicklung des jeweiligen Landes, aber auch für den Kontinent insgesamt. Experten warnen davor, das AIDS-Problem nur dann zu bekämpfen, wenn es als größtes Problem angesehen wird. Sonst könnten bis zum Jahr 2017 mehr als die Hälfte der Bevölkerung Afrikas vernichtet werden. AIDS wird daher in den kommenden Jahren neben seiner medizinischen Komponente zu den großen Herausforderungen/Themen für die Sozialarbeit zählen (vgl. Mupedziswa: 1992, S. 25).

Struchiner (1990) beschrieb AIDS als "a disease of poverty" und meinte damit, daß sich AIDS durch die Armut schneller verbreitet als bei Reichen und Gebildeten (d.h. Aufgeklärten). In Uganda war das nicht der Fall. Unter den Infizierten sind sowohl Arme als auch Reiche zu finden (vgl. Ankrah: 1992, S. 54-60). Dennoch heizt Armut natürlich die Verbreitung der Epidemie vielfältig an: So werden Geschlechtskrankheiten, die das Risiko einer Weitergabe und Ansteckung mit HIV erhöhen, aufgrund der hohen Kosten und schlechten Versorgung mit Gesundheitsdiensten nicht behandelt. Die hohe Zahl der Analphabeten erschwert eine wirksame AIDSprävention (vgl. Schoofs: 2000, S. 9).

Die AIDS-Epidemie hat zum Teil auch **soziale Ursachen**, insbesondere das System der Wanderarbeiter (das während der Kolonialzeit eingeführt wurde) und die dem Mann untergeordnete Stellung der Frau, die auch den

Sexualbereich berührt. Afrika befindet sich heute in weiten Teilen in seiner Entwicklung in einem Spagat zwischen den traditionellen sozialen Strukturen und deren Auflösung im Zuge der kolonialen Entwicklungen.

"Zum Beispiel denken Männer weiterhin in Kategorien der traditionellen Polygamie, aber wenn sie heute viele Partnerinnen haben, findet dies im Rahmen kommerzieller Sexualität statt [...]. Diese Lebensformen tragen anders als traditionelle Ehen meist nicht zum gesellschaftlichen Zusammenhalt bei." (Schoofs: 2000, S. 32).

"Die Verstädterung zog riesige Menschenmengen an einzelne Orte, wo dann die Armut und der Zusammenbruch der traditionellen Kultur zu massenhafter Prostitution führten. Als die Epidemie sich noch im frühen Stadium befand, konnte man feststellen, dass HIV-Fälle sich auf die Städte entlang der Lastwagenrouten des Kontinents konzentrierten, weil LKW-Fahrer dort häufig Prostituierte aufsuchen." (Schoofs: 2000, S. 30).

Gleichzeitig können Frauen über Fragen des Geschlechtsverkehrs mit ihrem Mann nicht als Gleiche verhandeln und sind gezwungen, Infektionen zu riskieren, um die Wünsche des Mannes zu befriedigen:

"Die Mädchen werden dazu erzogen, Entscheidungen, die die Sexualität betreffen, den Männern zu überlassen. [...] In den meisten traditionellen Kulturen südlich der Sahara bezahlen die Männer für ihre Ehefrauen einen Brautpreis; damit verbinden sie das Recht, in der Beziehung zu bestimmen. Einen Begriff von Vergewaltigung in der Ehe gibt es im größten Teil Afrikas nicht." (Schoofs: 2000, 31, 33).

Eine weitere soziale Dimension der AIDS-Epidemie ist das Sterben der jungen Generation erwachsener Menschen, die ihre Kinder als **Waisen** zurücklassen. Die sozialen Netze der Verwandtschaftsbeziehungen als Kern der afrikanischen Kultur verändern sich mit der Epidemie dramatisch:

"So wurden beispielsweise Waisenkinder stets vom größeren Familienkreis aufgenommen. Die Zahl der Waisen, die einen oder beide Elternteile verloren haben, übersteigt jedoch in den Ländern südlich der Sahara mittlerweile sieben Millionen. Und das Virus lässt auch ihre Tanten und Onkel sterben und beraubt sie damit der Pflegeeltern, so dass Waisen oftmals altersschwachen Großeltern überlassen bleiben. [...]

Forster hat dokumentiert, dass mehr als die Hälfte aller elternlosen Kinder in Simbabwe von ihren Großeltern versorgt werden - meistens von Großmüttern, die ihre eigenen Kinder vor deren Tod gepflegt hatten. Selbst dieses brüchige soziale Netz wird es aber für die nächste Generation von Waisenkindern nicht mehr geben. [...] "Und wenn diese Menschen sich anstecken und sterben, wer wird sich dann um ihre Kinder kümmern? Niemand, denn sie sind Waisen. Per Definition bedeutet dies, dass ihre Kinder keine Großeltern haben werden. [...]"" (Schoofs: 2000, S. 9,10).

Für die Waisenkinder ist es außerdem wahrscheinlich, dass sie arm bleiben werden, denn sie haben schlechtere Chancen, Bildung zu erhalten (die in den meisten afrikanischen Ländern Schulgeld kostet), und die Gefahr ist größer, dass sie infolge der psychischen Belastungen und Traumatisierungen mißhandelt, vernachlässigt, stigmatisiert und ausgenutzt werden (vgl. Schoofs: 2000, S. 10).

Maßnahmen gegen AIDS:

Trotz der erschreckenden Ausmaße der AIDS-Epidemien muß leider festgestellt werden, dass viele afrikanische Regierungen bisher unverantwortlich wenig Gegenmaßnahmen treffen. Auch existieren bisher kaum Firmen, die über umfassende AIDS-Präventionsprogramme verfügen (vgl. Schoofs: 2000, S. 8). Bestehende Initiativen sind deshalb in erster Linie auf **Selbsthilfebemühungen** zurückzuführen. Zahlreiche solcher Projekte haben sich bereits gegründet, zum Teil unterstützt oder initiiert von Sozialarbeitern.

Ein Hauptschwerpunkt liegt zunächst in der **präventiven Arbeit** und **Aufklärung** über Auswirkungen und notwendige Veränderungen des sexuellen Verhaltens (zum Beispiel das Benutzen von Kondomen).

Prominente Unterstützung kommt dabei z.B. von Nelson Mandela, der aufgrund der erschreckenden Ausmaße sogar überlegt, in die Politik zurückzukehren. Er hat selbst einige Aufklärungsveranstaltungen durchgeführt und das verschämte Wegsehen insbesondere der alten Frauen gesehen und für eine öffentliche, klare und energische Aufklärung über Sex und AIDS plädiert (Scholz: 2001, S. 1-5).

Zu den Führenden im Kampf gegen AIDS zählt die Sozialarbeit als professioneller Beruf. Insbesondere die Aufklärungsarbeit wird weniger von den Medizinern als vielmehr von Sozialarbeitern geleistet. Bedeutsam ist, daß nur qualifiziertes Personal die Menschen in Gesundheitsfragen berät. Sozialarbeiter übernehmen kompetent Beratungsaufgaben im Gesundheitsbereich und auch Anwaltsfunktion (advocacy), Bildungsaufgaben wie Fort- und Weiterbildung, Forschung und die administrative Rolle (vgl. Ankrah: 1992, S. 54-60).

Da das Sexualverhalten wesentlich von kulturellen Traditionen und sozioökonomischen Strukturen geprägt ist, versuchen einige Projekte wie die Katholische AIDS-Aktion in Namibia, Jugendliche mit **Anti-AIDS-Clubs** anzusprechen, oder, wie in Uganda von der anglikanischen Kirche praktiziert, direkt in dörflichen Gemeinden aktiv zu werden:

"In vielen Schulen haben sie Anti-Aids-Clubs gegründet. Die Mitgliedschaft in einem solchen Club ist mit einer Art Selbstverpflichtung verbunden. Jungen sollen sich bemühen, ihre traditionell dominante Rolle im Bereich der Sexualität Mädchen gegenüber nicht auszunutzen. Mädchen sollen ermutigt werden, selbstbestimmte Sexualität zu praktizieren und lernen, auch einmal Nein zu sagen. Dieses Konzept, das auch in vielen anderen afrikanischen Ländern wie Sambia und Uganda hauptsächlich von Kirchen gefördert wird, hat sich bislang als sehr hilfreich erwiesen. Es versetzt viele Jugendliche in die Lage, schädlichem Gruppendruck zu widerstehen und sich wirksam vor HIV zu schützen." (Benn: 2000, S. 60).

Erste Evaluationsstudien dazu (in Uganda) kamen zu dem Schluß, dass sich das Sexualverhalten der Jugendlichen bereits verändert hat: So hat sich das Alter der Jugendlichen beim sexuellen Erstkontakt erhöht, und die Anzahl wechselnder Sexualpartner ist gesunken (vgl. Benn: 2000, S. 62).

Die Anglikanische Kirche führte in Uganda in den Dörfern des Umkreises eines Gesundheitszentrums partizipative Methoden der Sozialwissenschaft durch. Eine solche Methode sind die von dem brasilianischen Pädagogen

Paulo Freire u.a. entwickelte **Focus Group Discussions**. D.h. Männer und Frauen diskutierten zunächst getrennt über ihre Beziehungen zueinander, über Sexualität und herrschende Traditionen. Nachdem sich Probleme herauskristallisiert hatten, wurden Entscheidungsträger wie Dorfälteste, Bürgermeister und traditionelle Heiler in die Diskussion einbezogen, um Änderungen in den Dörfern herbeizuführen und entsprechende Beschlüsse zu fassen. Zum Beispiel wurden Traditionen wie der Sexualverkehr von Männern mit ihren Schwägerinnen (widow inheritance) verboten; Bars mußten früher schließen, um sexuellen Mißbrauch nach Alkoholgenuß zu verhindern; auf dem Weg zu Wasserstellen wurden Frauen vor sexuellen Belästigungen beschützt; der Kondomgebrauch wurde gefördert und eine bessere Ausbildung von Mädchen zwecks späterer wirtschaftlicher Unabhängigkeit wurde angestrebt und vieles mehr. "Frauen aus diesen Dörfern berichteten während eines Auswertungsverfahrens, dass sich ihr Leben nach dieser Intervention spürbar verbessert habe." (Benn: 2000, S. 61). Es wurde also umfassend auf die Bedingungen einer Verbreitung von HIV eingegangen, d.h. auf Probleme wie ungewollte Schwangerschaften, Vergewaltigung und Mißbrauch von Kindern, Alkoholgenuß und Drogenkonsum, Unterdrückung und Ausbeutung von Frauen etc.

Insbesondere der Brauch der Leviatsehe oder **Witwenvererbung** (wenn ein verheirateter Mann stirbt, ehelicht einer seiner Brüder oder Vettern die Witwe und sichert so die Versorgung der Familie des verstorbenen Mannes) soll von der sexuellen Komponente gelöst werden und in eine "symbolische Vererbung" umgewandelt werden, nachdem infolge Witwenvererbung in manchen Familien alle Männer an AIDS gestorben sind. In Teilen Sambias und Simbabwes geht man bereits häufig dazu über, den Brauch nur noch als symbolisches Ritual, d.h. ohne seine sexuellen Inhalte, zu vollziehen (vgl. Schoofs: 2000, S. 35).

Neben diesen Initiativen gibt es zahlreiche Projekte in vielen afrikanischen Ländern, die sich auf die **häusliche Krankenpflege** der AIDS-Kranken und die **Versorgung der Waisenkinder** spezialisiert haben (z.B. Insiza Godlwayo AIDS Council (IGAC) oder Projekte der Heilsarmee in Chikankata, Sambia). "Ohne wirksame Medikamente jedoch kann ambulante Krankenpflege oft nicht viel mehr als ambulante Sterbebegleitung sein. [...] Die Mitarbeiter müssen, auch wenn es ihnen selbst am Nötigsten fehlt, Mitgliedsgebühren zahlen. Außerdem spenden die freiwilligen Helfer direkt an ihre Patienten, indem sie ihnen Tomaten oder Seife, Kerzen oder den gemahlenen Mais bringen, den die Simbabwer zu fast jeder Mahlzeit essen." (Schoofs: 2000, S. 20, 21). Als Motivation für die freiwilligen Mitglieder existiert manchmal ein Garten, in dem nur die freiwilligen Helfer ernten dürfen, oder ein Fonds, aus dem die Schulgebühren für ihre Kinder gezahlt werden.

Mobile Teams der häuslichen Betreuung von AIDS-Kranken (wie sie in Sambia die Heilsarmee anbietet) leisten neben der lokal angepaßten Versorgung vor allem einen Beitrag zur Aufklärung, da betroffene Familien aufgeschlossen für Gespräche über Risiken von AIDS und mögliche Schutzmaßnahmen sind (vgl. Benn: 2000, S. 59).

Die Selbsthilfeinitiativen setzen an den Formen traditioneller Solidarität und Gemeinschaft an: "Gerade in ländlichen Gegenden geht es vielen Mitarbeitern von Aids-Hilfen "nicht so sehr darum, die Krankheit zu bekämpfen, als vielmehr die Gemeinschaft zu unterstützen und zu stärken" [...] Und zwar in einer Weise, die an das erinnert, "was unsere traditionellen Gemeinschaften einmal waren" [...]." (Schoofs: 2000, S. 22, 23).

"Aufgrund ihrer Tradition sind die Afrikaner darauf eingestellt, Unbill und Schwierigkeiten im Kreise der Familie und mit Hilfe festgefügter Gemeinschaften zu bewältigen." (Schoofs: 2000, S. 20). In dem Maß, wie sich diese traditionellen sozialen Netzwerke im Zuge der Kolonisation und Urbanisierung verändert haben, ist professionelle Sozialarbeit notwendig, um die Selbsthilfekräfte der Gemeinschaft wieder zu aktivieren.

Dennoch wird von vielen AIDS-Aktivisten die Meinung vertreten, dass sich Selbsthilfeinitiativen wie IGAC angesichts des Mangels an staatlicher Unterstützung und der Masse des Hilfebedarfs langfristig nicht allein aufrechterhalten lassen.

In diesem Zusammenhang wird auch die **Vergabe von Medikamenten** (wie in Europa und den USA üblich) an AIDS-Kranke oder HIV-infizierte Schwangere (um die Wahrscheinlichkeit zu verringern, dass das Baby mit

HIV-Infektion geboren wird) als staatliche Maßnahme diskutiert. Dabei stellt sich aber in Afrika das Problem, dass sich viele Staaten die teuren Medikamente nicht leisten können. Die Diskussion um den Verkauf pharmazeutischer Produkte zu deutlich niedrigeren Preisen unter teilweiser Umgehung der Patentrechte ließ insbesondere Südafrika wiederholt in eine Kontroverse über Patentrechte und Handelsrestriktionen geraten (vgl. Schoofs. 2000, S. 47, 48). Angemerkt sei auch die teilweise berechtigte skeptische Haltung gegenüber großen Pharmakonzernen und ihren Interessen.

Als herausragendes Beispiel im Kampf gegen AIDS wird Uganda hervorgehoben: Das Land verfügt über einige der erfahrensten und engagiertesten AIDS-Mediziner des Kontinents, über ein viel beachtetes Präventionsprogramm, tragfähige Netzwerke und Selbsthilfegruppen für HIV-positive Menschen sowie eine Regierung, die dies alles unterstützt (vgl. Schoofs: 2000, S. 52).

3.4.4. Ökologie/Umwelt

Ökologische Probleme gehören zu den großen Herausforderungen des heutigen Afrika. In vielen Regionen auf dem Kontinent wird (wie auch weltweit) insgesamt von zunehmenden Temperaturveränderungen berichtet. Diese Veränderungen sind auf ökologische Ungleichgewichte in einigen Regionen zurückzuführen. Davon betroffen sind insbesondere die Sahelzone, das südliche und das zentrale Afrika. In manchen Gebieten ist seit 1985 kein Regen mehr gefallen (vgl. Spangenberg: 1991, S. 76ff).

Zu den größten ökologischen Problemen in Afrika gehören Dürre, Abholzung von Wäldern (deforestation), Verschlammen von Dämmen und Stauseen (siltation), Bodenerosion und -abtragung sowie Verschmutzung (pollution) (vgl. Mupedziswa: 1992, S. 25-27).

Auf der von der UNO-Ernährungsorganisation (FAO) und der UNESCO herausgegebenen "Dürre-Landkarte in Afrika" wird deutlich, daß sich die Dürre auf dem Kontinent ausgedehnt hat, besonders im südlichen Afrika. Ein Grund für die Ausbreitung der Dürre sind die Vernichtung von Wäldern, die weniger Regen zur Folge haben. Aufgrund der zunehmenden Dürre und

Abholzung sind die Tier- und Pflanzenbestände Afrikas gefährdet. Dadurch wiederum kann das traditionelle Leben der Menschen nicht wie bisher fortgesetzt werden.

In Afrika ist der Trend zu beobachten, daß viele Menschen nicht länger auf den Dörfern wohnen wollen, sondern in den großen Städten (Urbanisierung). Diese Urbanisierung schafft Umweltprobleme (pollution problem), vor allem in den überfüllten Städten und Stadtrandsiedlungen, die häufig nicht an Kanal- und Abwassersysteme sowie die Müllentsorgung abgeschlossen sind.

Hanak verweist darauf, dass das ökologische Gleichgewicht zuerst von innerafrikanischen Handelskarawanen und später von der Kolonisation zerstört wurde. Durch ihr Eindringen mußte zum Beispiel in der Landwirtschaft mehr angebaut werden und die landwirtschaftliche Produktion veränderte sich. Zusätzlich zum Verbrauch der Familie (Überleben) mußten Güter erwirtschaftet werden, die verkauft werden konnten. So entstanden die sogenannten cash crop- Felder, auf denen z.B. Kaffee oder Kakao zum Verkauf angebaut wurden. Darüber hinaus führte der koloniale Ausbau der Infrastruktur wie zum Beispiel der Bau der Eisenbahnstrecke von Dar es Salaam nach Mwanza durch die deutschen Kolonisatoren zu einer erhöhten Ausbeute der natürlichen Rohstoffe und Abholzung der Wälder (vgl. Hanak: 1995, S. 86).

Einige Produktionsmethoden wie der Goldbergbau und Tropenholzexport zum Beispiel in Ghana tragen heute noch durch Emissionen in die Luft, Schadstoffe im Grundwasser, Vernichtung der Waldbestände usw. in großen Maß zur Umweltverschmutzung bei (vgl. Hanak: 1995, S. 155).

Hinzu kommen **globale Risiken**, die von den Menschen selbst geschaffen wurden, aber von den einzelnen Personen kaum oder nicht mehr kontrolliert oder beeinflußt werden können. Zu solchen Risiken zählen nach Beck unter anderem Umweltzerstörung, chemische, ökologische und technische (z.B. Gentechnik, Atomindustrie) Gefahren (vgl. Beck: 1986, S. 7ff). Die Bedeutung der Risiken in der heutigen Gesellschaft hat sich damit erheblich verschärft.

Trotz der offensichtlich **drängenden Umweltprobleme** versuchen einige politisch Verantwortliche Afrikas, die Umweltprobleme und daraus resultierende Handlungsforderungen zu bagatellisieren. Sie konzentrieren sich in erster Linie auf die Bekämpfung von Hunger und Armut und vernachlässigen dabei den Schutz der Umwelt.

So sind in einigen Ländern die Gesetze zum Schutz der Umwelt sehr locker gefaßt und/oder ihre Durchsetzung wird nicht effektiv gehandhabt. Dies wird von den niedergelassenen Industriefirmen ausgenutzt. Die Umwelt, z.B. viele Flüsse Afrikas, wird daher aus wirtschaftlichen Profitinteressen vorsätzlich verschmutzt. (Es ist auch bekannt, daß einige westliche Industriestaaten mit strengen Umweltauflagen ihren "Sondermüll" zum Teil illegal in andere Länder z.B. der Dritten Welt exportieren.)

Nur in wenigen Ländern Afrikas genießt Umweltschutz eine besondere Aufmerksamkeit. Dies ist aus meiner Sicht jedoch ein fundamentaler Fehler, da Ökologie und Umweltschutz immer eng mit der Lebensqualität der Menschen verbunden sind. Ein krankes oder verseuchtes Lebensumfeld führt zwangsweise auch zu Beeinträchtigungen der Menschen. Ich denke, man muß nicht die Fehler der Industrienationen wiederholen und warten, bis die Natur unwiederbringlich zerstört ist oder sich sehr mühsam und lang andauernd regenerieren muß!

Da, wie bereits erwähnt, die Ökologie eng mit der Lebensqualität der Menschen zusammenhängt, wird empfohlen, den Umweltschutz in Afrika zu den Aufgaben der Sozialarbeit als wichtiges Zukunftsprojekt zu zählen (vgl. Mupedziswa 1992, S. 25-27).

Sozialarbeit ist auch hier in erster Linie in den Bereichen der Beratung und Aufklärung (z.B. über den Zusammenhang von Umweltverschmutzung und Erkrankungen der Menschen), aber auch als Anwalt für die Bedürfnisse der Menschen und die damit verbundene Durchsetzung der Bereitstellung ausreichender Ressourcen zur Lebensgestaltung gefragt.

Da Sozialarbeit die Lebenslagen der Menschen vor Ort kennt, kann sie dazu beitragen, dass Entwicklungsprojekte im Umweltschutzbereich erfolgreicher an die Situation der Menschen angepaßt werden. In diesem Zusammenhang verweist Hanak am Beispiel Tansanias darauf, dass die schwachen Bodenrechte der Frauen (ihre Erträge und Felder gehören meist Männern) in vielen Teilen des Landes ein wesentliches Hindernis für die Verbreitung von Errosionsschutzmaßnahmen darstellen (vgl. Hanak: 1995, S. 95).

4. Zusammenfassung und Ergebnis

In der vorliegenden Arbeit wurde dargestellt, dass sich Sozialarbeit/Sozialpädagogik in Europa und in Afrika zu unterschiedlichen Zeiten und unter verschiedenen Bedingungen entwickelt haben. Geschah dies in Europa im Zeitalter der Industrialisierung, so wurde Sozialarbeit in Afrika durch die Kolonialpolitik eingeführt.

Für beide Kontinente kann festgestellt werden, dass man geregelte oder "moderne"/professionelle Formen der sozialen Arbeit als Antwort auf die sozialen Krisen benötigt! Im Zuge der Veränderung sozialer Strukturen und hier insbesondere der Familien- und Verwandtschaftsbeziehungen können soziale Probleme nicht mehr wie traditionell üblich durch die Familie und die Gemeinschaft allein gelöst werden.

In der vorliegenden Arbeit habe ich festgestellt, dass seit den Eingriffen in die traditionellen afrikanischen Strukturen zur Zeit der Kolonisation eine Differenzierung der Bevölkerung eingesetzt hat. Viele Afrikaner leben heute im Spagat zwischen einerseits weiterhin bestehenden traditionellen sozialen Strukturen und andererseits aufgelösten traditionellen Strukturen und neuen Lebensformen. Traditionelle Lebens- und Solidaritätsformen lassen sich an vielen Stellen nicht mehr aufrecht erhalten, zum Beispiel in den Städten. Die Menschen in Afrika werden zunehmend mit Prozessen der Enttraditionalisierung und Herauslösung aus ihren ursprünglichen Bezügen konfrontiert und berichten von Individualisierung, Entfremdung und Verunsicherung.

Im Kapitel 2.3 wurde die schlechte politische, wirtschaftliche und soziale Lage des Kontinents Afrika aufgezeigt. D.h. viele Afrikaner leiden auch heute noch unter schlechten Lebensbedingungen, die gekennzeichnet sind durch politische Unterdrückung durch Einparteiensysteme und diktatorische Regime, Menschenrechtsverletzungen, Bürgerkriege, Flucht und Vertreibung, Armut, Hunger, unzureichende medizinische Versorgung, Verelendung und große soziale Ungleichheit.

Neben den fehlenden Ressourcen für eine Grundversorgung der Bevölkerung ist in vielen afrikanischen Ländern auch ein fehlendes Bewußtsein für die bestehenden Probleme und mögliche Handlungsansätze zu verzeichnen. So werden vorhandene Ressourcen zum Teil durch die verantwortlichen Politiker in der Pflege ihrer Prestigeobjekte und Konsum westlicher Güter verschwendet und die Entwicklungshilfe des Auslandes verbraucht, ohne eine langfristige nachhaltige Entwicklungspolitik für das Land einzuleiten.

Im Kapitel 2.3.3 wurde weiterhin dargelegt, dass die aktuell weltweit stattfindenden Prozesse der Globalisierung Afrika zu überrollen drohen und möglicherweise auf lange Sicht marginalisieren und von der Weltentwicklung ausgrenzen werden. Hauptgründe dieser Befürchtung sind erstens Afrikas schlechte Ausgangsposition im weltweiten Wettbewerb sowohl hinsichtlich der technischen Ausstattung (Internet, Informations- und Kommunikationstechnologie) als auch hinsichtlich Bildungs- und Ausbildungsstandards, d.h. dem vor Ort zur Verfügung stehenden gut ausgebildeten Fachkräften (Problem des "Brain-Drain"). Zweitens ist zu befürchten, dass eine modernisierte und globalisierte Weltökonomie eine wachsende Zahl von Menschen als "überflüssig" freisetzt und dass davon vor allem schlecht qualifizierte Personen (wie unter anderem in großer Anzahl in Afrika zu finden) betroffen werden.

Der mit den Globalisierungsprozessen verbundene interkulturelle Austausch wird auch weiterhin die sozialen Beziehungsgefüge verändern und Menschen aus ihren ursprünglichen Bezügen freisetzen. An dieser Stelle erweist sich professionelle Sozialarbeit/Sozialpädagogik unbedingt als notwendig! Sie ist aufgefordert, sowohl den Einzelnen als auch der Gemeinschaft (dem Gemeinwesen) als Ganzes Unterstützungsleistungen inform von Bildung und Hilfe zu gewährleisten, um die sozialen Ungleichheiten abzuschwächen und die Menschen wieder in die Lage zu versetzen, ihr Leben zu bewältigen.

Aufgaben und Funktionen der Sozialarbeit/Sozialpädagogik:

In der vorliegenden Arbeit wurde dargestellt, dass zwischen beiden Kontinenten wesentliche Unterschiede im politischen, wirtschaftlichen und sozialen Bereich (einschließlich gesellschaftlicher Normen und Werte) bestehen. Diese unterschiedlichen Bedingungen markieren den Rahmen der Aufgaben und Funktionen sozialer Arbeit.

In Europa ermöglichte die staatliche Grundabsicherung des einzelnen Individuums (z.b. Einführung des gesetzlichen Sozialversicherungssystems in Deutschland) umfassende Prozesse der Individualisierung. D.h. der Einzelne war weniger auf die Familie/Verwandtschaft und deren Solidarität angewiesen, da es im Falle individueller Notlagen eine staatliche Absicherung des Einzelnen unabhängig von der Familie gab. Ausschlaggebend für die Höhe der ausgezahlten Sozialleistungen ist nach dem Versicherungsprinzip meistens ein Standardsatz oder die Höhe vorher eingezahlter Beiträge.

Das politische System der Demokratie ermöglichte eine Gleichheit der Menschen insoweit, dass ihnen gleiche Grundrechte einschließlich des sozialen Sicherungssystems zur Verfügung stehen.

Die Individualisierung hatte eine Herauslösung der Biographie der Menschen aus ihren traditionellen Vorgaben und Sicherheiten, aus fremden Kontrollen und überregionalen Sittengesetzen zur Folge. Diese prinzipielle Offenheit bedeutet, dass die Menschen einerseits alle Chancen haben, ihr Leben selbst zu gestalten. Andererseits sind sie gezwungen, in einem sehr unsicheren Lebensumfeld persönliche Entscheidungen zu treffen, aktiv zu werden und die damit verbundenen Risiken und das Scheitern der Lebensentwürfe selbst zu tragen (vgl. Beck, Beck-Gernsheim: 1990, S. 12, 13). Gesellschaftliche Krisen wie z.B. Massenarbeitslosigkeit werden in Form individueller Risiken auf den Einzelnen abgewälzt.

"In traditionale Gesellschaften wurde man hineingeboren (wie etwa in Stand und Religion), für die neuen Vorgaben dagegen muß man selbst etwas tun, aktiv, findig und pfiffig werden, Ideen entwickeln, schneller, wendiger, kreativer sein, um sich in der Konkurrenz durchzusetzen - und dies nicht nur einmal, sondern dauernd, tagtäglich. Die einzelnen werden zu Akteuren,

Konstukteuren, Jongleuren, Inszenatoren ihrer Biographie, ihrer Identität, aber auch ihrer sozialen Bindungen." Dabei "[...] bleiben selbst hinter den Fassaden von Sicherheit und Wohlstand die Möglichkeiten des Abgleitens und Absturzes immer präsent." und verpflichten zur dauerhaften Aktivität, zum Tätigwerden im und am eigenen Leben (Beck: 1997, S. 11, 12).

In Afrika überwiegen demgegenüber noch starke Einbindungen in traditionelle Formen der Familie und Gemeinschaft.

Neubert spricht davon, dass bis auf wenige Ausnahmen in den achtziger Jahren noch alle Haushalte in ein urban - rurales Netz von Familien- und Verwandtschaftsbeziehungen eingebunden waren, das auch über große Entfernungen hinweg aufrecht erhalten wurde.

Wichtigste Funktion von Familie ist weiterhin die Versorgung der Alten und darüber hinaus Hilfe bei allen Arten von Notlagen: Finanzierung des Schulbesuchs der Kinder, Bedarf an Krediten für Kleinstunternehmen oder Kauf von Land, Hilfe bei der Rückzahlung von Schulden, Erhaltung der Farm, allgemeiner Bedarf zur Aufbesserung des Haushaltsbudgets etc. (vgl. Neubert: 1986, S. 304).

Durch die Veränderungen der sozialen Strukturen ist jedoch auch in Afrika eine Vielfalt von Lebensformen (Familien- und Haushaltsformen) entstanden. Die klar abgestufte Hilfeverpflichtung im Familien- und Verwandtschaftssystem wurde aufgebrochen. Hilfe wird innerhalb der Verwandtschaft "[...] weniger nach dem Prinzip verwandtschaftlicher Nähe gesucht, sondern bei denen, die in der Lage sind, Hilfe zu leisten [...]." (Neubert: 1986, S. 305, 306). An die Stelle der verschiedenen traditionellen Formen des Austausches von Hilfen (so dass jeder abwechselnd Geber und Empfänger ist) tritt zunehmend die Einseitigkeit der Hilfeabgabe, auf die ein lediglich moralischer Anspruch besteht. Verschiedene traditionell erbrachte Leistungen wie z.B. die Aufnahme von neuen Migranten auf Arbeitsuche bei entfernten Verwandten in der Stadt werden begrenzt oder gar nicht mehr erbracht (vgl. Neubert: 1986, S. 306).

Für Westafrika hält Hanak fest, dass die patriarchalen Eingriffe der Großfamilie in den letzten dreißig Jahren abgenommen habe. Auch die Partnerwahl erfolge kaum mehr noch über die Eltern. Die Kernfamilie dient zunehmend der wirtschaftlichen Überlebenssicherung ihrer Mitglieder, wobei der Trend im ländlichen Westafrika die Kernfamilie überspringe und in Richtung Individualisierung verlaufe, da es in den meisten Ehen keine Gütergemeinschaft gibt. D.h. für Haushalte im ländlichen Westafrika besteht nicht zwingend die Einheit des Wohnens, der Konsumption und der Produktion. "[...] der Haushaltsbetrieb besteht eigentlich aus einem gemeinsamen und zusätzlich mehreren Ein-Personen-Betrieben, die für ihre eigene Tasche, häufig von getrennten Feldern, wirtschaften." (Hanak: 1995, S. 149).

Mit der Veränderung der sozialen Struktur entstanden neue Verbindungen, z.B. auf Basis der gemeinsamen Herkunft oder gleicher ethnischer Zugehörigkeit, die bei Hilfebedarf teilweise aktiviert werden können (vgl. Neubert: 1986, S. 307). In Zusammenschlüssen wie Kirchengemeinden, ethnischen Organisationen, Frauengruppen oder anderen kooperativen Organisationen ergänzen sich soziale Bindungen um eine formale Mitgliedschaft.

Es läßt sich feststellen, dass die Möglichkeiten, Hilfe zu erhalten, insgesamt vielfältiger geworden sind, die Ansprüche auf Hilfe jedoch abgeschwächt wurden (vgl. Neubert: 1986, S. 308).

"In Kenya lassen sich traditionelle und neue soziale Netzwerke finden, die Elemente der traditionellen Solidarität erhalten. Diese Strukturen sind in vieler Hinsicht basal, um Überleben zu sichern. [...] Korporative Sicherungsformen [d.h. staatlich organisierte Netzwerke der Sicherung] kommen als Sozialversicherung der gesicherten Mittelschicht zugute. Die ungesicherten Unterschichten werden davon kaum erreicht, und es gibt (noch) keine wesentlichen Bestrebungen, Sicherheit auf diesem Wege zu erlangen." (Neubert: 1986, S. 294).

In den meisten afrikanischen Ländern besteht keine ausreichende soziale Absicherung des Einzelnen in Notfällen. Der Einzelne muß sich selbst aktiv um Hilfe bemühen und ist dabei nach wie vor eng auf die Gemeinschaft, sei es in der Familie, in der Nachbarschaft oder in neu gegründeten kooperativen Organisationen angewiesen. Die bestehenden sozialen Sicherungssysteme wie z.B. in Kenia der National Social Security Fund und andere

System der Unfall- und Krankenversicherung greifen nur für Mitglieder, die im formellen Sektor beschäftigt sind. Eine große Gruppe der Bevölkerung bleibt daher von diesen Sicherungssystemen ausgeschlossen (vgl. Neubert: 1986, S. 144-146).

In Ländern wie Ghana und Südafrika (vgl. Focke: 1996, S. 56ff.) und Äthiopien wird das seit der Kolonialzeit praktizierte Sozialhilfesystem mit kleinen Änderungen weiterhin geführt (vgl. Asamoah; Nortey: 1987, S. 22ff.). In Äthiopien wird Sozialhilfe nur für diejenigen geleistet, die gearbeitet haben. Ein großer Teil der afrikanischen Sozialleistungen wird weiterhin von kirchlichen und internationalen Nichtregierungsorganisationen erbracht (vgl. Quentin; Schenk: 1987, S. 1-16).

In einigen Ländern wie Ägypten (und dem Libanon) versuchen politische (islamische) Gruppierungen, das Erbringen sozialer Dienstleistungen für ihre (politischen) Zielerreichung zu mißbrauchen und sich durch Übernahme von sozialer Verantwortung und dem Angebot sozialer Dienstleistungen in den beiden Ländern politisch zu stabilisieren.

So versuchen in Ägypten islamische Parteien bzw. Gruppierungen wie die Muslimische Brüderschaft und deren militanter Teil "Gamaat al-Islamiya", der durch Anschläge auf Touristen, Polizisten und christliche Kopten bekannt wurde, soziale Dienste zu übernehmen. Dabei geht es jedoch weniger um das Angebot sozialer Dienste als vielmehr darum, neue Anhänger zu gewinnen/mobilisieren. Die Absicht hinter den sozialen Tätigkeiten ist eindeutig. "Es ist wie ein Krieg um Positionen", beschreibt das zitierte Mitglied der Gamaat in Imbaba (Stadtteil von Kairo) die Strategie. Es gehe darum, innerhalb der Gesellschaft eine Basis gegen die Regierung aufzubauen. Der Erfolg der muslimischen Brüderschaft in Ägypten ist vor allem darauf zurückzuführen, daß der Staat aufgrund der Überbevölkerung den Überblick im sozialen Bereich verloren zu haben scheint. Diese Lücke wurde von Gamaat al-Islamiya erkannt und, wie es scheint, mit Erfolg ausgenutzt (vgl. zusammenfassend Gawhary: 1996, S. 23-25).

In fast allen politischen Systemen, sei es in Europa oder in Afrika, dienen sozialpolitische Maßnahmen vor allem der Legitimation der politischen

Systeme. Während in Deutschland durch das bestehende Sozialversicherungs- und Leistungssystem ein Rechtsanspruch für den Einzelnen auf Sozialleistungen (z.B. nach BSHG oder SGB) bestehen, finden sich in Afrika andere politische Strukturen. Vor dem Hintergrund fehlender staatlicher Grundabsicherung des Einzelnen hat sich in weiten Teilen Afrikas eine starke **Selbsthilfebewegung** entwickelt, die auf den lokalen Bedingungen basiert.

Am Beispiel von Kenia zeigt Neubert eine politische Kultur auf, die politische Gefolgschaft im Zuge der Unterstützung regionaler (lokaler) sozialer Projekte sichert. D.h. bestehende Selbsthilfeinitiativen werden nach umfassender Eigenleistung im Vorfeld durch die Gemeinde möglicherweise zukünftig durch öffentliche/staatliche Zuschüsse teilweise finanziert. Auf diese Zuschüsse besteht kein Rechtsanspruch. Daher hat sich eine politische Kultur entwickelt, in der lokale Politiker ihre Unterstützung (und damit die politische Gefolgschaft einer bestimmten Region) überregionalen Politikern anbieten und im Gegenzug eine Beeinflussung der Verwaltungsentscheidungen zugunsten der jeweiligen Gemeinde erwarten (vgl. Neubert: 1986, S. 273). Die politische Legitimation der Politiker bezieht sich wesentlich darauf, ob es ihnen gelingt, wichtige Projektförderungen "nach Hause" zu holen.

Die beschriebene politische Kultur der Förderung von Selbsthilfeinitiativen in Kenia führt insgesamt dazu, dass die zur Verfügung stehenden staatlichen Ressourcen nicht optimal und nicht bedarfsgerecht verteilt werden. Weder erfolgen im Vorfeld der Förderung eine systematische Bedarfsanalyse und Definition politischer Ziele (was gefördert werden soll), noch werden langfristig notwendige Entwicklungsarbeiten geplant und bestehende Projekte evaluiert. Durch das bestehende System der Förderung von Selbsthilfeprojekten durch einzelne Politiker werden bestehende soziale und regionale Ungleichheiten im Land weiter gefestigt.

Sozialpolitische Maßnahmen in Afrika beziehen sich auch weiterhin auf die Bereitstellung einer grundsätzlichen Absicherung der Infrastruktur. Dies umfaßt insbesondere die Bereiche der Wasserversorgung, Wohnungsbau/

Ansiedlung, Gesundheitsversorgung, Bildungs- und Erziehungssystem, Schaffung von Beschäftigungsmöglichkeiten, Gestaltung der Landwirtschaft sowie Entwicklung eines angemessenen Rechtssystems (Arbeits- und Sozialrecht). Übergeordnetes Ziel aller Entwicklungsbemühungen ist dabei der Abbau von sozialer Ungleichheit. D.h. es soll eine Chancengleichheit für den Zugriff auf soziale Leistungen/Angebote geschaffen werden (vgl. Neubert: 1986, S. 161).

Vielfach müssen in den afrikanischen Ländern Sozialleistungen der Gesundheitsdienste und der Ausbildung bezahlt werden. Nachdem in einigen afrikanischen Ländern wie z.B. Tansania eine Zeitlang eine gute Gesundheitsbetreuung (auch in den ländlichen Gebieten) durch kostenfreie Angebote erreicht werden konnte, ist diese Entwicklung mit Verschlechterung der wirtschaftlichen Situation der Länder wieder rückläufig. So wurden in Tansania ab 1993 weniger Mittel im Staatshaushalt zur Verfügung gestellt und Gebühren für medizinischen Behandlungen wieder eingeführt, die etappenweise gesteigert werden sollten. "Das Gesundheitswesen leidet heute besonders unter Mangel an Medikamenten und Fahrzeugen, Verfall der Einrichtungen und Abwanderung der Fachkräfte." (Hanak: 1995, S. 81).

Umsetzung und Anpassung europäischer und amerikanischer Modelle und Theorien der Sozialarbeit/Sozialpädagogik an die Bedingungen des afrikanischen Kontinent:

Anhand der bearbeiteten Literatur ließ sich in der vorliegenden Arbeit feststellen, dass die afrikanische Sozialarbeit/Sozialpädagogik besonders in ihren Anfangsjahren (nach der Unabhängigkeit) stark von Europa und den USA geprägt wurde. Dies betraf sowohl die Ausbildung der Sozialarbeiter und Sozialpädagogen (und ihrer Ausbilder) als auch die angewandten Methoden. Im Lauf der Zeit stellte sich jedoch rasch heraus, dass sich Methoden und Theorien den lokalen Bedingungen anpassen müssen, wenn sie die Menschen erreichen und ihnen helfen sollen.

Am Beispiel AIDS wurden lokale Selbstinitiativen, zum Teil initiiert von Sozialarbeitern, bereits ausführlicher vorgestellt und sollen durch ein weiteres Beispiel ergänzt werden: AIDS-Aufklärung und -beratung wird in Europa z.B. durch eine individuelle anonyme Telefonberatung angeboten. Der Ansatz paßt aufgrund seiner Ausrichtung "individuell und anonym" in das Wertesystem der Westeuropäer, gleichzeitig sind die infrastrukturellen Voraussetzungen (funktionierendes, preiswertes Telefonnetz) gegeben. Die Umsetzung einer AIDSTelefonberatung in Afrika scheitert bereits an den infrastrukturellen Voraussetzungen z.b. in ländlichen Gebieten und wird gleichzeitig den kulturellen Unterschieden bei der Gestaltung zwischenmenschlicher Beziehungen und Kommunikationsstrukturen nicht gerecht. Erfolgversprechend sind daher die Ansätze "von der Basis" wie häusliche Krankenpflege, verbunden mit Aufklärung des gesamten Familienverbandes. Meiner Meinung nach ist es sinnvoll und effektiv, wenn sich die Afrikaner mit den bestehenden (europäischen, amerikanischen, afrikanischen usw.) Modellen und Theorien der Sozialen Arbeit auseinandersetzen, um auf der Basis der örtlichen Bedingungen passende Theorien und Modelle zu entwickeln. Das Aufzwingen von (auch gutgemeinten) Ideen ist, wie in der Geschichte mehrfach belegt, kein erfolgreicher Weg: Es entstehen dann zusätzliche soziale Probleme bei gleichzeitiger Zerstörung der traditionellen Hilfenetze.

Traditionelle Solidaritätsformen und bestehende Hilfenetze sollten soweit wie möglich in die sozialarbeiterischen Interventionen mit einbezogen und erhalten werden. Herrschende Normen und Werte innerhalb der Gesellschaft müssen unbedingt berücksichtigt werden und den Ausgangspunkt aller Hilfeplanungen bilden. In diesem Zusammenhang muß eine Bestandsaufnahme der traditionellen Werte der jeweiligen Kultur stattfinden, um zu klären, welche traditionellen Werte es verdienen, beibehalten zu werden und welche traditionellen Werte eine sinnvolle und dynamische Entwicklung behindern und daher selbst angepaßt werden müssen (vgl. Kabou: 1995, S. 115; vgl. auch die Ausführungen zur Witwenvererbung in Kapitel 3.4.3).

Es geht darum, die Menschen wieder zu befähigen, sich in absehbarer Zeit selbst zu helfen und ihr Leben soweit wie möglich ohne professionelle Hilfe zu bewältigen (Hilfe zur Selbsthilfe). Dieser Ansatz beinhaltet die Einbeziehung und Partizipation der Adressaten: "Empower the local people" (Neubert: 1986, S. 233). Aus meiner Sicht kann Sozialarbeit die Entwicklung nur durch Selbstorganisation und Selbsthilfe der Betroffenen fördern. Ein erfolgreiches Beispiel einer solchen Entwicklung von Hilfeansätzen unter Berücksichtigung lokaler Bedingungen stellen aus meiner Sicht partizipative Methoden der Sozialwissenschaft dar, "[...] die es den Menschen in ihren Gemeinschaften ermöglichen, ihre Situation zu analysieren, Probleme zu erkennen und gemeinsam nach Lösungsmöglichkeiten zu suchen." (Benn: 2000, S. 60). Aus meiner Sicht kann es nur darum gehen, lokale Führer und Autoritäten zu schulen, so dass sie in der Lage sind, Diskussions - und Verhandlungsprozesse anzuleiten und ihre Gemeinschaft zu einer Lösung zu führen, die den Bedürfnissen der Betroffenen gerecht wird (vgl. Neubert: 1986, S. 233). Ein Beispiel für die Anwendung solcher Methoden sind die im Kapitel 3.4.3 vorgestellten "Focus Discussion Groups" der Anglikanischen Kirche in Uganda. Im Sudan werden ähnliche Modelle erfolgreich in der Versöhnungsarbeit (z.B. zwischen den Völkern der Nuer und Dinka) praktiziert.

Der partizipative Ansatz sollte jedoch nicht nur auf die Sozialarbeit/Sozialpädagogik begrenzt bleiben, sondern auch bei der gesamtgesellschaftlichen Entwicklung berücksichtigt werden. In diesem Zusammenhang verweise ich auf die neue äthiopische Verfassung von 1994, die traditionelle Rechtsformen berücksichtigt und ihre Institutionen (wie Ältestenräte) aktiv in die Gestaltung des Rechtssystems einbezieht (vgl. FES: 1999, S. 24, nähere Ausführungen dazu im Kapitel 2.3.2). Die in den einzelnen afrikanischen Ländern bestehenden Zusammenschlüsse von Frauen, Journalisten und Medienvertretern, Behinderten, Jugendlichen, Anwaltsverbänden etc. sollen mit ihren Ideen aktiv Prozesse der Staatsgestaltung (wie in Tansania beispielsweise bei der Revision der Staatsverfassung) einbezogen werden. Vor dem Hintergrund einer kritischen Öffentlichkeit kann sich eine demokratische Struktur entfalten, die von allen Beteiligten auch gelebt wird.

Insgesamt bleibt aus meiner Sicht offen, wie sich Afrika vor dem Hintergrund der schwierigen aktuellen Lage (im politischen, wirtschaftlichen und sozialen Bereich) und der Herausforderungen im Zuge der Globalisierungsprozesse entwickeln kann und wird. Ich bin daher sehr gespannt, inwieweit es Sozialarbeitern und Sozialpädagogen gelingen wird, unter diesen schweren Rahmenbedingungen Einfluss auf die Verteilung der gesellschaftlichen Ressourcen zu nehmen, um den Menschen in belasteten Lebenslagen zu helfen.

Literaturverzeichnis

- **Aina**, Tade Akin: Globalization and Social Policy in Africa. Issues and Research Directions. Dakar (Senegal): Codesria, 1997
- **Ankrah**, E. Maxine: Aids in Uganda: Initial Social Work Responses. In: Journal of Social Development in Africa, (1992), 7, 2, S. 53 - 61
- **Asamoah**, Yvonne/**Nortey**, D.N.A.: Ghana. In: Dixon, John (Hrsg.): Social Welfare in Africa. London; New York; Sydney: Croom Helm, 1987
- **Asmara** - Declaration. Asmara (Eritrea): o.V., 1996
- **Bayer**, Alfred: Die Hanns- Seidel- Stiftung in Afrika. In: Friedl, Gerhard: Wer rettet Afrika? Ein Kontinent im Umbruch. München; Landsberg am Lech: Olzog, 1995
- **Bayrische Landeszentrale für politische Bildung** (Hrsg.): Afrika zwischen Agonie und Aufbruch. München, 1998
- **Beck**, Ulrich: Die Erfindung des Politischen. Frankfurt a.M.: Suhrkamp, 1993 - Beck, Ulrich: Eigenes Leben. Beck, 1997
- **Beck**, Ulrich: Risikogesellschaft. Auf dem Weg in eine andere Moderne. Frankfurt a.M.: Suhrkamp Verlag, 1986
- **Beck**, Ulrich/ **Beck-Gernsheim**, Elisabeth: Das ganz normale Chaos der Liebe. Frankfurt a.M.: Suhrkamp, 1990
- **Beck**, Ulrich/**Beck-Gernsheim**, Elisabeth (Hrsg.): Riskante Freiheiten. Individualisierung in modernen Gesellschaften. Frankfurt a.M.: Suhrkamp Verlag, 1994
- **Bellers**, Jürgen: Entwicklungspolitik. Diskussionspapiere des Faches Politikwissenschaft Nr. 18/ 1998. Universität GH Gießen, 1998
- **Bellers**, Jürgen: Regionale Entwicklungspolitik in peripheren Gebieten. Diskussionspapiere des Faches Politikwissenschaft Nr. 27/ 1999. Universität GH Siegen, 1999

- **Benn**, Christoph: Dogmatische Predigt, pragmatische Hilfe? Die Kirchen und die Bekämpfung von Aids in Afrika. In: Der Überblick, (2000), 3, 58 - 63

- **Betru**, Lemma-Yifrashewa: Föderalismus als Staats-Organisationsmodell für Vielvölkerstaaten Afrikas am Beispiel Äthiopiens. Magisterarbeit. Friedrich- Schiller- Universität Jena, Fakultät für Sozial- und Verhaltenswissenschaft, Institut für Politikwissenschaft, 2001

- **Betz**, Joachim/**Brüne**, Stephan (Hrsg.): Jahrbuch Dritte Welt 1997. Daten, Übersichten, Analysen. München: Beck, 1996

- **Biel**, Melha Rout: Möglichkeiten und Grenzen der Übertragbarkeit deutscher/europäischer Sozialarbeit / Sozialpädagogik auf die Bedingungen des afrikanischen Kontinents (Unveröffentliche Diplomarbeit, 2001).

- **Bittner**, Andreas K.: Afrika in Zeiten der Globalisierung. Eine Polemik. In: Nord- Süd- Aktuell, (1999), Bd. 13, Heft 3, S. 426 - 433

- **Büttner**, Friedemann: Militärregime in der "Dritten Welt". Eine Einführung. In: Hessische Stiftung Friedens- und Konfliktforschung (HSFK) (Hrsg.): Militärregime und Entwicklungspolitik. Frankfurt a.M.: Suhrkamp, 1989

- **Bundesministerium für Arbeit und Sozialordnung**. Referat Öffentlichkeitsarbeit (Hrsg.): Bilder und Dokumente zur Sozialgeschichte. Bonn: o.V., 1997

- **Cornwall**, David: Bittere Pillen. In: Frankfurter Allgemeine Zeitung. 10.03.2001, S. 3

- **Friedrich- Ebert- Stiftung** (FES) (Hrsg.): Demokratisierung in Afrika. Auch eine lange Reise beginnt mit dem ersten Schritt. In: Friedrich- Ebert- Stiftung- Info, (1999), Heft 1, S. 23

- **Deutscher**, Eckhard/**Holtz**, Uwe/**Röscheisen**, Roland (Hrsg.): Zukunftsfähige Entwicklungspoltik. Standpunkte und Strategien. Bad Honnef: Horlemann, 1998

- **Deutscher Verein für Öffentliche und Private Fürsorge** (Hrsg.): Fachlexikon der sozialen Arbeit. Frankfurt a.M. Eigenverlag, 1997
- **Diarra**, Abdramane (Hrsg.): Westafrika zwischen autochtoner Kultur und Modernisierung. Ein Afrika- Reader. Frankfurt a.m.; Bern; New York; Paris: Lang, 1991
- **Dixon**, John (Hrsg.): Social Welfare in Africa. London; New York; Sydney: Croom Helm, 1987
- **Djibuti** Home Land Abkommen. Djibuti: o.V., 1999
- **Eid**, Uschi: Eine neue Nord- Süd- Politik ist notwendig. In: Deutscher, Eckhard/Holtz, Uwe/Röscheisen, Roland (Hrsg.): Zukunftsfähige Entwicklungspoltik. Standpunkte und Strategien. Bad Honnef: Horlemann, 1998
- **El- Gawhary**, Karim: Wohltätigkeit als Politik. Ihre Sozialarbeit trägt den Islamisten viele Sympathien ein. In: Der Überblick. Zeitschrift für ökumenische Begegnung und internationale Zusammenarbeit, (1996), Bd. 32, Heft 4, S. 23 - 25
- **Evangelisches Missionswerk in Deutschland** (Hrsg.): Entwicklung braucht Entschuldung. Erlassjahr 2000 - die Arbeit geht weiter. In: Eine Welt Magazin. (2001), 1, S. 25
- **Evangelisches Missionswerk in Deutschland** (Hrsg.): "Erlassjahr 2000". Eine Kampagne zieht Bilanz. In: Eine Welt Magazin. (2001), Nr. 19, 12 -15
- **Feldmann**, Ursula: Sozialdienst im Krankenhaus. In: Deutscher Verein für Öffentliche und Private Fürsorge (Hrsg.): Fachlexikon der sozialen Arbeit. Frankfurt a.M. Eigenverlag, 1997
- **Ferdowsi**, Mir A.: Afrika - ein verlorener Kontinent? In: Bayrische Landeszentrale für politische Bildung (Hrsg.): Afrika zwischen Agonie und Aufbruch. München, 1998
- **Ferguson-Brown**: Social work and social development: lessons from Botswana. In: Africa Insight, (1995), 25, 3, S. 201 - 204

- **Fikentscher**, Wolfgang: Demokratie. Eine Einführung. München: Piper, 1993
- **Fleischhacker**, Helga/**Krennerich**, Michael/**Thibaut**, Bernhard: Demokratie und Wahlen in Afrika und Lateinamerika. Bilanz der neunziger Jahre. In: Betz, Joachim/Brüne, Stephan (Hrsg.): Jahrbuch Dritte Welt 1997. Daten, Übersichten, Analysen. München: Beck, 1996
- **Focke**, Maximiliane: Südafrikas Sozialarbeit im Wandel. Aspekte der Veränderung aufgezeigt am Beispiel von Fremdunterbringung. München: Akademischer Verlag, 1996; zugleich Diplomarbeit. Uni München, 1996
- **Friedl**, Gerhard (Hrsg.): Wer rettet Afrika? Ein Kontinent im Umbruch.. München; Landsberg am Lech: Olzog, 1995
- **Friedrich-Ebert-Stiftung** (FES) (Hrsg.): Richter auf Kamelen. Rechtsstaatlichkeit in Äthiopien. In: Friedrich- Ebert- Stiftung- Info, (1999), Heft 1, S. 24
- **Friedrich-Ebert-Stiftung** (FES) (Hrsg.): Verfassungsreform, Wahlrechtsanpassung und regionale Integration. Beiträge zur Demokratisierung in Tanzania. In: Friedrich- Ebert- Stiftung- Info, (1999), Heft 1, S. 25-26
- **Gepperth**, Rainer: Von der Demokratie überfordert? In: Friedl, Gerhard (Hrsg.): Wer rettet Afrika? Ein Kontinent im Umbruch. München; Landsberg am Lech: Olzog, 1995
- **Edoho**, Felix Moses (Hrsg.): Globalization and the New World Order. Promises, Problems, and Prospects for Africa in the Twenty- First Century. Westport (USA): Greenwood Publishing Group, 1997
- **Hahn**, Hans Peter/**Spittler**, Gerd (Hrsg.): Afrika und die Globalisierung. Hamburg: Lit- Verlag, 1999
- **Hanak**, Ilse: Frauen in Afrika: "... ohne uns geht gar nichts!". Frankfurt a.M.: Brandes & Apsel, 1995
- **Hering**, Sabine/**Münchmeier**, Richard: Geschichte der Sozialen Arbeit. Eine Einführung. Weinheim; München: Juventa- Verlag, 2000

- **Herman**, Gunther J.: Titel. In: Evangelisches Missionswerk in Deutschland (Hrsg.): Sudan. Breklum: o.v., 1995
- **Hessische Stiftung Friedens- und Konfliktforschung** (HSFK) (Hrsg.): Militärregime und Entwicklungspolitik. Frankfurt a.M.: Suhrkamp, 1989
- **Houngnikpo**, Mathurin: Stuck at the runway. Africa's distress call. In: Le Roux, Elisabeth/ Esterhuysen, Pieter: 40 Years of the Africa Insitute and Arfican Independence. In: Africa Insight, (2000), Bd. 30, Heft 1, S. 2 - 12
- **Kabou**, Axelle: Weder arm noch ohnmächtig. Eine Streitschrift gegen schwarze Eliten und weisse Helfer. Basel: Lenos- Verlag, 1995
- **Khartoum** - Abkommen. Khartoum (Sudan): o.v., 1997
- **Kok**, Peter Nyot: Governance and Conflict in the Sudan, 1985 - 1995. Analysis, Evaluation and Documentation. Hamburg: Deutsches Orient-Institut, 1996
- **Kreile**, Renate. Politisierung von Ethizität in Afrika. In: Sangmeister, Hartmut: Ist Entwicklungshilfe noch zeitgemäß? In: Aus Politik und Zeitgeschichte. Beilage zur Wochenzeitung das Parlament, (1997), S. 3-11
- **Kumpfmüller**, Karl A. (Hrsg.): Europas langer Schatten. Afrikanische Identitäten zwischen Selbst- und Fremdbestimmung. Frankfurt a.M.: Brandes und Apsel; Wien: Südwind, 2000
- **Lafontaine**, Oskar/**Müller**, Christa: Keine Angst vor Globalisierung. Wohlstand und Arbeit für alle. Bonn: Dietz, 1998
- **Lamborghini**, Bruno: Europa auf dem Weg in die globale Informationsgesellschaft. In: Mangold, Klaus: Dienstleistungen im Zeitalter globaler Märkte. Strategien für eine vernetzte Welt. Frankfurt a.M.: Frankfurter Allgemeine Zeitung für Deutschland; Wiesbaden: Gabler, 2000
- **Le Roux**, Elisabeth/**Esterhuysen**, Pieter: 40 Years of the Africa Insitute and African Independence. In: Africa Insight, (2000), Bd. 30, Heft 1, S. 2 - 12

- **Lexikon - Institut Bertelsmann** (Hrsg.): Die grosse Bertelsmann Lexikothek. Bertelsmann Lexikon. Bd. 8. Gütersloh: Verlagsgruppe Bertelsmann; Bertelsmann Lexikothek Verlag, 1991
- **Mangold**, Klaus: Dienstleistungen im Zeitalter globaler Märkte. Strategien für eine vernetzte Welt. Frankfurt a.M.: Frankfurter Allgemeine Zeitung für Deutschland; Wiesbaden: Gabler, 2000
- **Maududi**, Say Abdul A, la: Islamische Lebensweise. In: Schriftenreihe des Islamischen Zentrums München, (1996), Nr. 17
- **Menzel**, Ulrich: Das Ende der Dritten Welt und das Scheitern der großen Theorie. Frankfurt a.m.: Suhrkamp Verlag, 1992 - Michler, Walter: Weißbuch Afrika. Bonn: Verlag J.H.W. Dietz Nachf. GmbH, 1991
- **Molt**, Peter: Ein Kontinent im Chaos. In: Friedl, Gerhard (Hrsg.): Wer rettet Afrika? Ein Kontinent im Umbruch. München; Landsberg am Lech: Olzog, 1995
- **Mupedziswa**, Rodreck: Africa at the Crossroads. Major Challenges for Social Work Education and Practice Towards The Year 2000. In: Journal of Social Development in Africa, (1992), 7, 2, S. 19-38
- **Mupedziswa**, Rodreck: Uprooted. Refugees and Social Work in Africa. In: Journal of Social Development in Africa. 1993
- **Muyemba**, Jean- Jerome Chico- Kaleu: Die Berliner Kongokonferenz 1884/85 und die Aufteilung Afrikas. Eine sozio-ökonomische Zerstörung mit Langzeitwirkung. Hrsg.: Dekan des Fachbereiches I, Fachhochschule für Verwaltung und Rechtspflege Berlin, 1996
- **Ndumbe III.**, Kum'a: Afrikanische Renaissance. Wegweiser afrikanischer Politik im 21. Jahrhundert. In: Kumpfmüller, Karl A. (Hrsg.): Europas langer Schatten. Afrikanische Identitäten zwischen Selbst- und Fremdbestimmung. Frankfurt a.M.: Brandes und Apsel; Wien: Südwind, 2000
- **Neubert**, Dieter: Sozialpolitik in Kenya. Münster: Lit- Verlag, 1986

- **Nohlen**, Dieter/**Waldmann**, Peter (Hrsg.): Dritte Welt. Gesellschaft - Kultur - Entwicklung. In: Nohlen, Dieter (Hrsg.): Pipers Wörterbuch zur Politik. Bd. 6. München: Piper, 1987
- **Nohlen**, Dieter (Hrsg): Lexikon Dritte Welt, Reinbeck bei Hamburg: Rowohlt, 1989
- **Nuscheler**, Franz: Lern- und Arbeitsbuch Entwicklungspolitik. Bonn: Dietz, 1996
- **Nuscheler**, Franz: Politische Geschichte Afrikas. In: Bayrische Landeszentrale für politische Bildung (Hrsg.): Afrika zwischen Agonie und Aufbruch. München, 1998
- **Opielka**, Michael: Integration durch Hilfe und Bildung. Sozialtheoretische Aspekte sozialpädagogischen Handelns. In: Treptow, Rainer/Hörster, Reinhard (Hrsg.): Sozialpädagogische Integration: Entwicklungsperspektiven und Konfliktlinien. Weinheim; München: Juventa Verlag, 1999
- **Pakenham**, Thomas: The Scramble for Africa. White Man's Conquest of the Dark Continent From 1876 to 1912. New York: Random House, 1991
- **Peter**, Marina: Self-determination for South Sudan. Adiscussion paper. o.O.: o.V., Dezember 2000
- **Quentin** F./**Schenk**, Emmy Lou: Ethiopia. In: Dixon, John (Hrsg.): Social Welfare in Africa. London; New York; Sydney: Croom Helm, 1987
- **Renschler**, Regula: Vorwort. In: Kabou, Axelle: Weder arm noch ohnmächtig. Eine Streitschrift gegen schwarze Eliten und weisse Helfer. Basel: Lenos- Verlag, 1995
- **Rwomire**, Apollo/**Raditlhokwa**, Logong: Social Work in Africa: Issues and challenges. In: Journal of Social Development in Africa, (1996), 11, 2, S. 5-19
- **Sachße**, Christoph: Grenzen der Solidarität. Soziale Sicherung in Zeiten der Globalisierung. In: Treptow, Rainer/Hörster, Reinhard (Hrsg.): Sozialpädagogische Integration: Entwicklungsperspektiven und Konfliktlinien. Weinheim; München: Juventa Verlag, 1999

- **Sangmeister**, Hartmut: Ist Entwicklungshilfe noch zeitgemäß? In: Aus Politik und Zeitgeschichte. Beilage zur Wochenzeitung das Parlament, (1997), S. 3-11
- **Schaarschuch**, Andreas: Integration ohne Ende? Soziale Arbeit in der gespaltenen Gesellschaft. In: Treptow, Rainer/Hörster, Reinhard (Hrsg.): Sozialpädagogische Integration: Entwicklungsperspektiven und Konfliktlinien. Weinheim; München: Juventa Verlag, 1999
- **Schaub**, Horst/**Zenke**, Karl G. (Hrsg.): Wörterbuch zur Pädagogik. München: Deutscher Taschenbuch Verlag, 1995
- **Scherr**, Albert: Inklusion/Exklusion - soziale Ausgrenzung. Verändert sich die gesellschaftliche Funktion der Sozialen Arbeit? In: Treptow, Rainer/Hörster, Reinhard (Hrsg.): Sozialpädagogische Integration: Entwicklungsperspektiven und Konfliktlinien. Weinheim; München: Juventa Verlag, 1999
- **Schoofs**, Mark: Die neue Plage Afrikas; Nigeria: Die Geschichte zweier Brüder; Simbabwe: Selbsthilfe in Not; Forschung: Woher stammen die gefährlichen Viren?; Frauen: Der Tod und das andere Geschlecht; Medizin: Auf der Suche nach einem Impfstoff; Südafrika: Am Kap regt sich Wiederstand; Uganda: Nutzen, was man hat. Artikelserie. In: Der Überblick, (2000), 3, S. 6 - 57
- **Scholz**, Martin: Mandelas Mission. Der Kampf gegen die AIDS- Edidemie in Südafrika holt den Ex-Staatschef aus dem Ruhestand zurück. Interview. In: Frankfurter Rundschau. Nr. 10, 10.03.2001
- **Sievers**, Heiko: Afrikanische Renaissance ein Traum? In: Evangelischer Pressendienst (Hrsg.): Entwicklungspolitik. Frankfurt, (1999), Heft 21, S. 20-21
- **Spangenberg**, Joachim: Umwelt und Entwicklung. Argumente für eine globale Entwicklungsstrategie. Marburg: Schüren, 1991
- **SPLM und PNC** - Vereinbarung vom 19.02.2001 in Genf. Genf: o.V., 2001

- **Society for Threatened Peoples** (Gesellschaft für Bedrohte Völker) (Hrsg.): No Blood for Oil! Western Firms and the Genocide in Southern Sudan. Göttingen: o.V., 2000
- **Sommer**, Gerlinde/**von Westphalen**, Raban Graf (Hrsg.): Staatsbürgerlexikon. Staat, Politik, Recht und Verwaltung in Deutschland und der Europäischen Union. München: Oldenbourg Verlag, 2000
- **Sulimann**, Mohamed: Der Bürgerkrieg im Sudan. Die Rolle der Ressourcenkriege. In: Zürcher Beiträge zur Sicherheitspolitik und Konfliktforschung. Heft Nr. 27. Zeitgeschichtliche Hintergründe aktueller Konflikte II. Hrsg.: Spillmann, Kurt R. Forschungsstelle für Sicherheitspolitik und Konfliktanalyse, ETH- Zentrum Zürich: o.V., 1992
- **Tetzlaff**, Rainer: Afrika zwischen Zivilisierung und Zerfall des Staates. Zu den gewaltsamen Umbrüchen in Afrika nach dem Ende des Kalten Krieges. In: Hofmeier, Rolf (Hrsg.): Afrika- Jahrbuch 1999. Politik, Wirtschaft und Gesellschaft in Afrika südlich der Sahara. Opladen: Leske + Budrich, 2000, S. 34 - 47
- **Tetzlaff**, Rainer. Die Konsequenzen der Globalisierung für Afrika. In: Nord- Süd- Aktuell, (1996), Bd. 10, Heft 3, S. 544 - 552
- **Tetzlaff**, Rainer: Staatswerdung im Sudan. Ein Bürgerkriegsstaat zwischen Demokratie, ethnischen Konflikten und Islamisierung. Münster; Hamburg: Lit- Verlag, 1993
- **Tetzlaff**, Rainer: Sudan: Innere Zerreißproben und Entwicklungsmisere. Der fruchtlose Versuch einer nationalen Einigung unter militärischer Führung. In: Hessische Stiftung Friedens- und Konfliktforschung (HSFK) (Hrsg.): Militärregime und Entwicklungspolitik. Frankfurt a.M.: Suhrkamp, 1989
- **Tetzlaff**, Rainer: Widersprüche und Risiken, Chancen und Voraussetzungen der Demokratisierung. In: Bayrische Landeszentrale für politische Bildung (Hrsg.): Afrika zwischen Agonie und Aufbruch. München, 1998

- **Treptow**, Rainer/**Hörster**, Reinhard: Sozialpädagogische Integration heute. In: Treptow, Rainer/Hörster, Reinhard (Hrsg.): Sozialpädagogische Integration: Entwicklungsperspektiven und Konfliktlinien. Weinheim; München: Juventa Verlag, 1999
- **Tröschner**, Adelheid: Neuorientierung der deutschen Entwicklungspolitik und Entwicklungszusammenarbeit. In: Deutscher, Eckhard/Holtz, Uwe/Röscheisen, Roland (Hrsg.): Zukunftsfähige Entwicklungspoltik. Standpunkte und Strategien. Bad Honnef: Horlemann, 1998
- **Walton**, Ronald G./**El Nasr**, Medhat M. Abo: The Indigenization and Authentizitation of Social Work in Egypt. In: Community development journal: an international forum, (1988), Bd. 23, Heft 3, S. 148 - 155
- **Wilke-Launer**, Renate: Afrorealismus statt Afropessimismus. In: Der Überblick, (2000), 3, S. 4-5
- **Yiman** In: Rwomire, Apollo/Raditlhokwa, Logong: Social Work in Africa. Issues and Challenges. In: Journal of Social Development in Africa, (**1996**), 11, 2, S. 5-19
- **Zattler**, Jürgen: Globalisierung und Entwicklungszusammenarbeit - Was bedeutet dies für Afrika? In: Hahn, Hans Peter/Spittler, Gerd (Hrsg.): Afrika und die Globalisierung. Hamburg: Lit- Verlag, 1999
- **Zimmermann**, Klaus F.: Dienstleistungen als Motor für Wachstum und Beschäftigung. In: Mangold, Klaus: Dienstleistungen im Zeitalter globaler Märkte. Strategien für eine vernetzte Welt. Frankfurt a.M.: Frankfurter Allgemeine Zeitung für Deutschland; Wiesbaden: Gabler, 2000

Danksagung

Der Verfasser dieses Buch möchte folgenden Personen und Institutionen für ihre Unterstützung bei der Verwirklichung dieser Arbeit danken:

Mein besonderer Dank gilt Herrn Prof. Dr. jur. Wolfgang Behlert und Frau Prof. Dr. med. Victoria Boit. Mit Ihrer fachlichen Betreuung und persönlichen Rat hätte ich diese Arbeit nicht wissenschaftlich realisieren können.

Für die Unterstützung durch die Mitarbeiter und Professoren am FB Sozialwesen während meines Studiums bin ich sehr dankbar. Darüber hinaus bedanke ich mich bei dem Leiter der Studentischen Angelegenheiten, Herrn Uwe Scharlock, der Mitarbeiterin des Akademischen Auslandsamtes, Frau Förster, und den Mitarbeitern des Studentensekretariats, insbesondere Frau Tiem. Ferner möchte ich allen danken, die darüber hinaus direkt oder indirekt zum Gelingen dieser Arbeit beigetragen haben. Nicht zu vergessen danke ich meiner Frau Jana Neukirchner.

Jena, im Juli 2001

www.ingramcontent.com/pod-product-compliance
Lightning Source LLC
Chambersburg PA
CBHW020127010526
44115CB00008B/1010